毛泽东经典著作研读系列丛书

总主编 / 康沛竹　艾四林

《在延安文艺座谈会上的讲话》
研　读

宋修见 ◎ 著

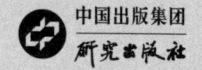

本书为2021年国家社科基金艺术学项目《中华美育精神与马克思主义美育观中国化问题研究》（21BA023）阶段性成果

中国出版集团
研究出版社

图书在版编目(CIP)数据

《在延安文艺座谈会上的讲话》研读/宋修见著.--北京:研究出版社,2024.5
ISBN 978-7-5199-1652-7

Ⅰ.①在… Ⅱ.①宋… Ⅲ.①《在延安文艺座谈会上的讲话》-毛泽东著作研究 Ⅳ.①A841.24

中国国家版本馆CIP数据核字(2024)第055607号

出 品 人：陈建军
出版统筹：丁 波
责任编辑：孔煜华
助理编辑：于孟溪

《在延安文艺座谈会上的讲话》研读

ZAI YANAN WENYI ZUOTANHUI SHANG DE JIANGHUA YANDU

宋修见 著

研究出版社 出版发行

（100006 北京市东城区灯市口大街100号华腾商务楼）
北京隆昌伟业印刷有限公司　新华书店经销
2024年5月第1版　2024年5月第1次印刷
开本：787毫米×1092毫米　1/32　印张：5.125
字数：107千字
ISBN 978-7-5199-1652-7　定价：48.00元
电话（010）64217619　64217652（发行部）

版权所有·侵权必究
凡购买本社图书，如有印制质量问题，我社负责调换。

总主编简介

康沛竹 北京大学马克思主义学院教授、博士生导师。1981—1988年，在北京大学历史系学习，获历史学学士、硕士学位；1993—1996年，在中国人民大学清史所学习，获历史学博士学位。中央马克思主义理论研究和建设工程《马克思主义发展史》首席专家。2008年国家级精品课"中国近现代史纲要"课程负责人。出版专著《灾荒与晚清政治》《中国共产党执政以来防灾救灾的思想与实践》《〈新民主主义论〉导读》《〈关于正确处理人民内部矛盾的问题〉导读》等，主编《马克思主义妇女理论发展史》《马克思主义学习型政党建设问题研究》《中国近现代史前沿问题研究》等。在《近代史研究》《中共党史研究》《当代中国史研究》《马克思主义研究》《马克思主义与现实》《光明日报》等发表论文70多篇。

艾四林 哲学博士、教授、博士生导师，清华大学习近平新时代中国特色社会主义思想研究院院长，教育部长江学者特聘教授。中央马克思主义理论研究和建设工程首席专家，国务院学位委员会学科评议组成员，《高校马克思主义理论研究》主编。

作者简介

宋修见 男,山东省乳山市人,北京大学法学博士,中央美术学院教授、博士生导师,美育研究院院长、马克思主义学院执行院长,校学术委员会委员。教育部首届全国高校美育教学指导委员会委员,中国高等教育学会美育专业委员会副理事长,中国文联特约研究员。

主要研究马克思主义中国化与中国传统文化、马克思主义美育与中华传统美育。主持国家社科基金艺术学项目"中华美育精神与马克思主义美育观中国化问题研究"和教育部首批新文科研究与改革实践项目"新时代中国美育学学科建设研究"等课题。在北京大学出版社和人民出版社分别出版《北京大学马克思主义传统研究》《中华美育精神访谈录》(主编)《中国文化的生命力》和《红楼曙光——中国共产党的诞生与北京大学》等学术著作。

序

由北京大学马克思主义学院康沛竹教授和清华大学习近平新时代中国特色社会主义思想研究院院长艾四林教授主编的《毛泽东经典著作研读系列丛书》陆续出版与读者见面了，两位主编是我多年的同事和朋友，让我作序，只能"恭敬不如从命"。借此机会，一方面对新著出版表示热诚的祝贺，一方面谈些想法与大家交流，权作序。

2018年5月4日，习近平总书记在纪念马克思诞辰200周年大会上的讲话中指出，"马克思主义不仅深刻改变了世界，也深刻改变了中国"。马克思主义怎么深刻改变了中国？我认为其内涵就在于：马克思主义的中国化、中国化的马克思主义深刻改变了中国。马克思的著作、理论、思想、学说，如何成为中国共产党人的指导思想和意识形态？这里面就有一个重要的转化环节，这个环节就是马克思主义的中国化，就是要把马克思主义从德国的形态变为中国的形态，从欧洲的形态变为亚洲的形态，从西方的形态变为东方的形态，这就是我们讲的马克思主义的中国化时代化。

1938年10月，毛泽东在党的六届六中全会上作的报告《论新阶段》中首次明确地提出"马克思主义中国化"的概念。毛泽东是马克思主义中国化的伟大开拓者，毛泽东思想是马克思主义中国化的表现形态，实现了马克思主义中国化的第一次飞跃。2021年中国共产党建党一百周年，"中国共产党为什么能"？其中的一个关键点就是始终重视思想建党、理论强党，强调重视总结历史经验，从学习中走向未来。而毛泽东研究、毛泽东思想研究、毛泽东思想的当代价值与意义研究，就是其中不可或缺的重要内容。

毛泽东思想博大精深，内容特别丰富，涉及面非常广泛，因此学界的研究也是多层次、多维度、多视角的。比如从发展历程看，有毛泽东早期思想、新民主主义革命理论、社会主义建设道路的探索等；从思想分支看，有毛泽东哲学思想、经济思想、管理思想、军事思想、文艺思想、外交思想等。那么如何把握这个体系和精髓呢？关键是要读原著，要精读细读、慢慢咀嚼、深刻领会、反复思考。要从读原著开始，读原著入手，读原著做起。把读经典、悟原理作为一种生活习惯，当作一种精神追求，用经典涵养正气、淬炼思想、升华境界、指导实践。

康沛竹、艾四林主编的《毛泽东经典著作研读系列丛书》就是着眼原著，聚焦原著，精心策划，精心组织。这套丛书精选了10多部毛泽东的经典著作，从写作背景、版本考据、主要内容、影响和意义等方面条分缕析，深入研读，视野开阔，内容翔实，是毛泽东经典著作研究的重要成果，对于毛泽东思想研究，特别是广大干部群众通过学习原著把握和领会毛泽东思想，具有积极的推动作用。毛泽东的原著和文本集中体现了毛泽东思想，具有广泛的社会影响力，已经成为民族记忆、文化范式、精神标识。其中许多重要著作的重要论述深入人心、喜闻乐见、耳熟能详。比如《反对本本主义》关于马克思主义的"本本"要和中国实际相结合的论述，《实践论》《矛盾论》对马克思主义哲学的贡献，《新民主主义论》关于新民主主义革命理论的阐发，《改造我们的学习》关于"实事求是"的阐释，《论十大关系》关于"以苏为鉴"的思考，《关于正确处理人民内部矛盾的问题》关于两类矛盾的论述，等等。如何温故知新？如何常学常新？是新时代研读毛泽东经典著作需要认真思考的。

研读毛泽东经典著作，温故知新，常学常新，既要有历史眼光，又要有当代视野。其中毛泽东关于中国社会主义道路的探索与中国特色社会主义的内在关联与贯通即是一个尤为重要的问题，学术界特别关注。《毛泽东经典著作研读系列丛书》中社会主义建设时期的著作共有两篇，我们先来看《论十大关系》。从1956年2月14日起，毛泽东历时43天，先后听取了34个部委的工作汇报。4月25日和5月2日，毛泽东分别在中共中央政治局扩大会议和最高国务会议上

序

讲话,并整理形成了著名的《论十大关系》这篇著作。《论十大关系》的主题是"以苏为鉴",探索适合中国情况的社会主义发展道路。《论十大关系》开宗明义就指出,"特别值得注意的是,最近苏联方面暴露了他们在建设社会主义过程中的一些缺点和错误,他们走过的弯路,你还想走?过去我们就是鉴于他们的经验教训,少走了一些弯路,现在当然更要引以为戒"。毛泽东1956年提出十大关系,开始提出自己的建设路线,有我们自己的一套内容,开始找到自己的一条适合中国的路线。1978年召开的党的十一届三中全会,拨乱反正,改革开放,中国进入了社会主义现代化建设的新时期。1982年9月1日,邓小平在党的十二大开幕词中提出,"走自己的路,建设有中国特色的社会主义,这就是我们总结长期历史经验得出的基本结论"。从而高举起中国特色社会主义的伟大旗帜,坚定不移地走中国特色社会主义发展道路。经过长期的不懈奋斗和接力探索,中国特色社会主义进入了新时代。我们再来看《关于正确处理人民内部矛盾的问题》,这是1957年2月毛泽东在最高国务会议上(作)的报告。他强调必须区分敌我矛盾和人民内部矛盾这两类不同性质的矛盾,还提出了正确处理人民内部矛盾的一系列具体方法,比如"统筹兼顾,适当安排""百花齐放,百家争鸣""互相监督,长期共存",等等。这些论述实际上已经开始尝试探索社会主义条件下的国家治理问题,具有重要意义。2019年10月召开的党的十九届四中全会是新中国成立以来、改革开放以来第一次专门集中研究坚持与完善中国特色社会主义制度、推进国家治理体系和治理能力现代化重大问题的党的中央全会,会议审议通过了《中共中央关于坚持和完善中国特色社会主义制度 推进国家治理体系和治理能力现代化若干重大问题的决定》(下简称《决定》)。《决定》从战略上回答了"坚持和巩固什么、完善和发展什么"的重大时代课题,体现了清醒的制度自觉、坚定的制度自信、强烈的制度创新,开辟了"中国之治"的新境界。

　　研读毛泽东经典著作，温故知新，常学常新，必须紧扣马克思主义中国化时代化这条主线。马克思主义中国化时代化是中国共产党人的伟大创造，马克思主义中国化时代化这个命题的提出本身就体现了中国共产党人的理论自觉和文化自信。马克思主义从传入传播到中国化是个过程，这个过程产生了中国化马克思主义这个结果。《毛泽东经典著作研读系列丛书》收入10多部关于毛泽东经典著作的研读，时间涵盖了从第一次国内革命战争时期到社会主义建设时期，但是仔细看一下，还是延安时期居多。为什么？就是因为延安时期形成了毛泽东思想，实现了马克思主义的中国化。从延安时期马克思主义中国化来看，既有哲学理论层面，即《实践论》《矛盾论》的理论阐发；也有思想路线层面，即提出实事求是的思想路线；还有实际工作层面，即阐述军事辩证法、统一战线的辩证法、领导方法工作方法的辩证法，等等。马克思主义不仅和中国哲学、中国文化结合，马克思主义基本原理同中国具体实践相结合，同中华优秀传统文化相结合，而且具体运用于实际工作的各个方面，渗透于军事、统战、党建等各个领域，表明马克思主义已经与中国哲学、中国文化、中国实践结合并开始融为一体，马克思主义具有了中国特性、中国作风、中国气派。马克思主义中国化了，它既是马克思主义的，也是中国的。概而言之，1937年毛泽东《实践论》《矛盾论》对马克思主义哲学的贡献，1938年10月毛泽东在党的六届六中全会上关于"马克思主义中国化"的论述，1940年毛泽东《新民主主义论》关于新民主主义革命理论的阐发，1945年党的七大将毛泽东思想确立为党的指导思想，等等，标志着延安时期实现了马克思主义中国化。马克思主义从传入时的翻译介绍，到传播时的研究阐释，再到中国化时的全面实践，马克思主义中国化这个过程产生了中国化马克思主义这个结果，形成毛泽东思想这个马克思主义中国化的表现形态。

序

　　研读毛泽东经典著作，温故知新，常学常新，必须牢牢把握毛泽东思想活的灵魂。毛泽东思想活的灵魂是贯穿其中的立场、观点、方法，有三个基本方面，即实事求是、群众路线、独立自主。实事求是是毛泽东思想的根本点、出发点，是党的思想路线的核心，是最重要的思想方法、认识方法、工作方法、领导方法。毛泽东在《改造我们的学习》中指出，"'实事'就是客观存在着的一切事物，'是'就是客观事物的内部联系，即规律性，'求'就是我们去研究"。实事求是的基本内涵就是从客观事物中认识和把握客观规律，尊重规律，一切从实际出发，理论与实际相结合。实事求是是中国共产党人的基本要求和看家本领，必须时时处处牢记于心，付之于行。今天讲实事求是，就要深刻把握世情国情党情的变化，深刻认识世界百年未有之大变局，以中国式现代化全面推进中华民族伟大复兴。群众路线是我们党的生命线和根本工作路线，体现了马克思主义关于人民群众是历史创造者的基本原理和党全心全意为人民服务的根本宗旨。今天讲群众路线，就要秉持人民至上的价值立场，坚持以人民为中心的发展思想。坚持人民主体地位，坚持和完善人民当家作主的制度体系，建设人民满意的服务型政府。顺应民心，尊重民意，关注民情，致力民生。有效对接民众生活，体察群众生活感受，加强普惠性、基础性、兜底性民生建设。满足人民日益增长的美好生活需要，把制度优势和治理效能更多更好地转化为人民的幸福感、获得感、安全感。独立自主是我们党从中国实际出发，依靠党和人民力量进行革命、建设、改革的必然结论。不论过去、现在和将来，我们都要把国家和民族发展放在自己力量的基点上，坚持民族自尊心和自信心，坚定不移走自己的路。今天讲独立自主，就要一以贯之坚持和发展中国特色社会主义，坚决维护国家主权、安全。坚持自主创新，把关键技术、核心技术牢牢掌握在自己手中，赢得国际竞争的战略主动和比较优势。

序

研读毛泽东经典著作,温故知新,常学常新,必须着力于发展当代中国马克思主义。毛泽东思想实现了马克思主义中国化的第一次历史性飞跃,中国特色社会主义理论体系实现了马克思主义中国化新的飞跃,习近平新时代中国特色社会主义思想是当代中国马克思主义、21世纪马克思主义,是中华文化和中国精神的时代精华,开辟了马克思主义中国化时代化新境界,实现了马克思主义中国化时代化新的飞跃。新时代推进马克思主义中国化的重大课题和主要任务,就是发展当代中国马克思主义,学思践悟习近平新时代中国特色社会主义思想。如何发展当代中国马克思主义,习近平总书记有系统论述和深刻阐释:一是强调坚持用马克思主义观察时代、把握时代、引领时代。二是明确提出了当代中国马克思主义、21世纪马克思主义的重大概念,特别重视和强调原创性贡献、标识性概念、引导性范畴,强化马克思主义研究的自主性、独创性、原创性、标识性。三是突出马克思主义的整体性，贯通哲学、政治经济学、科学社会主义，把马克思主义哲学作为看家本领，构建中国特色社会主义政治经济学，推动新时代中国特色社会主义不断发展。四是坚持政治性和学理性相统一，打通政治性话语与学术性话语的话语壁垒。坚持马克思主义在意识形态领域的指导地位，构建中国特色哲学社会科学的学科体系、学术体系、话语体系。五是加强中国道路的学术阐释、学术表达，用中国理论解读中国道路。增强理论自觉，坚定理论自信，讲好中国故事，提升中国话语的国际传播。

习近平总书记指出，"我们党依靠学习创造了历史，更要依靠学习走向未来"。面对波诡云谲、纷繁复杂的国际形势，面对世所罕见、时所罕见的风险挑战，如何统筹两个大局，保持战略定力，把自己的事情做好，就要在常学常新中加强理论修养，在知行合一中主动担当作为。《毛泽东经典著作研读系列丛书》的出版，对毛泽东经典著作研读将会给我们带来新的感悟和思考,从历史中得到启迪,从经典中汲取智慧,从学习中走向未来。

郭建宁

清华大学马克思主义学院特聘教授

习近平新时代中国特色社会主义思想研究院研究员

北京大学马克思主义学院原院长

2023年5月

目 录

第一章
写作背景、版本源流及经典地位

第一节　《讲话》的时代背景 / 003

第二节　延安文艺座谈会的召开 / 014

第三节　《讲话》的版本源流 / 025

第四节　《讲话》的经典地位 / 033

第二章
文艺要为人民服务

第一节　文艺工作者的立场问题 / 037

第二节　文艺工作者的态度问题 / 044

第三节　文艺工作的对象问题 / 054

第三章

文艺如何为人民服务

第一节　要了解、熟悉和热爱人民 / 059

第二节　学习马克思列宁主义和社会 / 064

第三节　普及与提高问题的辩证关系 / 068

第四章

文艺的导向性问题

第一节　文艺与政治的关系 / 075

第二节　文艺批评的两个标准 / 081

第三节　对一些糊涂观念的批评 / 086

第五章

文本之外的再研读

第一节　对延安文艺界思想作风的整顿 / 097

第二节　马克思主义文艺理论中国化的历史飞跃 / 103

第三节　中国现代文艺民族化大众化的里程碑 / 111

■ 结　语

第一节　以新时代中国文化自信来重温《讲话》

／ 121

第二节　北京文艺座谈会讲话对其继承发展 / 128

第三节　《讲话》的几点启示 / 134

第一章

写作背景、版本源流及经典地位

1942年，在中国人民抗日战争最为艰苦的岁月里，在中国共产党领导的革命圣地延安，聚集了一大批来自全国各地的进步知识分子和文艺工作者。为了求得革命文艺的正确发展并更好地协助其他革命工作，完成民族解放的任务，中国共产党召开了文艺工作座谈会。座谈会在当年五月的三个周六，即5月2日、16日和23日，分别举行了三次，有120多位文艺工作者参会，其中40多位在会上畅所欲言。毛泽东在5月2日和23日分别发表了讲话，即《在延安文艺座谈会上的讲话》(以下简称《讲话》)的"引言"和"结论"部分。《讲话》总结了五四运动以后进步文艺发展的成就，分析了存在的问题，阐明了文艺为人民服务等八个问题，指明了中国新文艺运动的正确方向，是马克思主义文艺理论中国化、大众化和时代化的第一次历史飞跃。

第一节 《讲话》的时代背景

学习和研究《讲话》，必须按照辩证唯物主义和历史唯物主义的方法，首先全面了解、把握其所产生的特定时代背景。

在《讲话》的结论部分开篇，毛泽东首先提出讨论问题要从实际出发，讨论文艺工作同样要从客观存在的事实出发，并明确讲到"现在的事实"有这样几个方面：第一是正在进行的中国人民的抗日战争和全世界的反法西斯战争；第二是在抗日战争中大地主大资产阶级的动摇和对于人民的高压政策；第三是五四运动以后23年间革命文艺运动对于革命的伟大贡献以及它存在的缺点；第四是在八路军、新四军的抗日民主根据地里面大批文艺工作者和八路军、新四军以及工人农民的结合；第五是根据地的文艺工作者和国民党统治区的文艺工作者的环境和任务的区别；第六是在延安和各抗日根据地的文艺工作中已经发生的争论问题。

从这些问题来看《讲话》的时代背景，一方面是新文化运动之后中国现代文艺自觉肩负起"启蒙与救亡"的时代使命而"走向民间"的主流大势；另一方面是

1931年"九一八"事变之后一大批进步作家和艺术家投身民族解放的时代洪流中的鼓与呼；最后是1935年之后延安根据地新文艺的蓬勃发展及其存在的问题。这些问题的主要表现就是文学、美术、音乐、戏剧等领域忽略了与中国革命事业的关联，没有真正与工农大众相结合，缺乏表现全面抗战主题的优秀作品。此外，广大文艺创作者的思想格局和专业水平参差不齐，而且由于缺乏科学的指导思想和方法，许多文艺创作背离了马克思主义的立场、观点和方法，中国的革命文艺运动亟须一次历史性的总结和指明发展方向。

一、五四运动以来新文艺事业亟须总结经验教训

中国现代文艺的兴起，可以追溯到新文化运动时期，尤其是自五四运动之后，马克思主义开始在中国广泛传播，中国新文艺事业随之展开。1921年中国共产党成立以后，高度重视文艺的社会功能，革命文艺有了新的发展。这一方面是由于马克思主义文艺理论本身就具有这样的价值维度，另一方面也应注意到李大钊、陈独秀和毛泽东等中国共产党早期领导人都具有深厚的文化艺术素养，深谙以文艺动员人民群众之道。从那时到延安文艺座谈会召开这23年的中国新文艺历程，既迫切

需要总结其成就和经验,也需要查找尚存在的问题,以促进革命的进步的文艺的繁荣发展,团结激励全民族投入抗日战争中去夺取伟大的胜利。

以绘画为例,1917年,康有为在《万木草堂所藏中国画目》一文中提出"国画改良"的主张,倡导学习西方绘画,否定文人写意的艺术传统:"国人岂无英绝之士应运而兴,合中西而为画学新纪元者,其在今乎?"1918年1月15日出版的《新青年》6卷1号,以"美术革命"为题刊登了陈独秀和画家吕澂的通讯,陈独秀更激进地提出要革中国传统绘画的命。1918年5月14日,年仅23岁的徐悲鸿在北京大学画法研究会演讲《中国画改良之方法》,也赞同"中西融合"的主张。可见,20世纪初中国美术的现代转型探索已成为时代主流。五四运动之后,随着启蒙与救亡的时代浪潮的激荡,"美术革命"朝着"革命美术"的方向发展。20世纪30年代,中国共产党领导的上海左翼作家联盟就明确了中国现代文艺的发展方向。在1930年3月2日的成立大会上,鲁迅在题为《对于左翼作家联盟的意见》的讲话中,第一次提出了文艺要为"工农大众"服务的方向,并且要求左翼文艺工作者要和实际的社会斗争接触。1930年7月和1931年1月,中国共产党领导的进步艺术家团体"中国左翼美术家联盟"和"中国左翼戏剧家联盟"先后在上海成立;

1932年秋,"北平左翼音乐家联盟"成立。"左翼"联盟推动了中国现代文艺家们"重返民间",创作出一大批表现工人农民等社会底层民众生活的文艺作品。

1936年11月22日,即中国共产党提出建立抗日民族统一战线主张的一年后,陕北苏区第一个文艺领导机构——中国文艺协会在陕北保安(今志丹县)正式成立。这表明中国共产党开始真正重视起在江西苏区时被忽视了的文艺工作。毛泽东《在中国文艺协会成立大会上的讲话》中明确讲到了这一点,他说:"中国苏维埃成立已很久,已做了许多伟大惊人的事业,但在文艺创作方面,我们干得很少。今天这个中国文艺协会的成立,是近十年来苏维埃运动的创举。过去我们是有很多同志爱好文艺,但我们没有组织起来,没有专门计划的研究,进行工农大众的文艺创作,就是说过去我们都是干武的。"[①] 在这次讲话中,毛泽东首次提出了"文武两条战线"的问题:"现在我们不但要武的,我们也要文的了,我们要文武双全。因为现在中国有两条战线,一条是抗日战线,一条是内战。要结成抗日民族统一战线,把日本帝国主义赶出去,争取中国民族的独立解放,首先我们就要停止内战。……怎样才能停止内战呢?我们

[①]《毛泽东文艺论集》,中央文献出版社2002年版,第3页。

要文武两方面都来。要从文的方面去说服那些不愿停止内战者,从文的方面去宣传教育全国民众团结抗日。……你们文学家也要到前线上去鼓励战士,打败那些不愿停止内战者。"[1]他还在这次讲话中明确提出了文艺的两个"发扬",就是既要"发扬苏维埃的工农大众文艺",也要"发扬民族革命战争的抗日文艺"。[2]这就是后来为人们所熟悉的两个提法:工农兵文艺和人民大众文艺。

但是,在第一次土地革命战争时期,工农兵的文艺工作并没有真正开展起来,或者说开展得不够好。为此,毛泽东曾提及到:"那个时候,我们根据地与广大的知识分子隔绝了,与中心城市的人隔绝了,在知识分子问题上又犯过错误,轻视知识分子,认为知识分子似乎没有好多用处,要是不犯这些错误,情况也许会好一些。"[3]

二、整风运动中延安文艺界的问题

1941年,抗日战争进入敌后抗战最为困难的时期,由于敌后抗日根据地面积急剧缩小,陕甘宁边区的形势

---

[1]《毛泽东文艺论集》,中央文献出版社2002年版,第3—4页。
[2]《毛泽东文艺论集》,中央文献出版社2002年版,第4页。
[3]《毛泽东文集》第2卷,人民出版社1993年版,第424页。

日益严峻。此时革命战争的重重难关也深刻地影响着延安文艺界,文艺工作者的许多问题引起毛泽东的关注和忧虑,尤其是当时"鲁迅艺术文学院"(1940年后改名,原名"鲁迅艺术学院",简称"鲁艺")和"中华全国文艺界抗敌协会延安分会"(简称"文抗")这两大"山头"之间宗派倾向引发的矛盾令延安文艺界"乌烟瘴气"。[1]这些矛盾不仅影响了文艺工作者的创作热情,还在延安文艺界逐渐形成了忽视抗日和实际斗争的不良风气,如戏剧界有沉迷于"大洋古"(大型戏、外国戏、传统戏)的倾向,文学界有些作家以城市资产阶级知识分子的眼光对延安及当地群众存在的问题进行尖锐的批评,如墙报《轻骑队》以冷嘲热讽的笔法对延安"描黑"。这反映出当时的延安文艺界存在文艺作品脱离实际、脱离群众,文艺工作者与当地群众不团结等问题,这既对革命事业造成了不良影响,也阻碍了革命文艺本身的健康发展。

归结起来,当时延安文艺界主要有三个方面的问题:一是初到延安的文艺工作者对当地人民群众缺乏深入的了解,同工农兵打成一片的思想准备不够,所进行的文艺创作仍保有小资产阶级的立场;二是文艺工作者

---

[1] 艾克恩编:《延安文艺回忆录》,中国社会科学出版社1992年版,第39页。

存在背离马克思主义文艺思想的立场观点，文艺创作存在逐渐脱离人民群众和政治的现象；三是文艺创作存在比较严重的教条主义倾向和唯心论，脱离实际生活，陷入空谈与自我满足。这些问题源于当时延安的文艺工作者大多出身于小资产阶级，且来自当时较为发达的大城市，无论是从思想上还是生活作风上都与无产阶级有很大的差异，他们在思想和生活上还缺少一个改造和适应的过程。

在具体分析延安文艺界产生的这些问题之前，首先有必要了解延安文艺工作者的贡献。20世纪30年代末，在中华民族生死存亡之际，众多怀着文化理想和奋斗激情的文艺工作者在中国共产党抗日救亡主张和抗日民族统一战线的感召下，克服重重险阻奔赴延安，为陕甘宁边区带去了空前火热的文艺创作与舞台演出，这些施展艺术才华和奉献满腔热血的各地文艺工作者成了当时抗战文艺运动的骨干力量。

据胡乔木回忆，毛主席曾在1944年的一次讲话中提过延安的"文学家，艺术家，文化人""成百上千"，又说过"延安有六七千知识分子"。[1]根据《延安大学校史》资料，仅1938年5月到8月间，经西安八路军办

---

[1] 胡乔木：《胡乔木回忆毛泽东》，人民出版社1994年版，第251页。

事处奔赴延安的知识青年就有2288人之多,其中包括来自武汉八路军办事处、兰州八路军办事处、湖南通讯社、广东通讯社等介绍单位的知识青年。[①]到1940年,延安教育系统已经培养出一大批革命干部,其中抗日军政大学12000多人,陕北公学6000多人,青训班即泽东青干校前身10000多人;到1944年鲁艺培养了685名学员。这些学员毕业后或到前线参加抗战,或到农村做民众工作,成为解放区抗战的骨干力量。[②]所以,毛泽东所言的"成百上千"的知识分子和文艺工作者绝非虚指,而且他们无不是怀着无比敬仰之情奔赴"革命的圣地"延安的。其中的文艺工作者,不乏著名的文艺家,如艾青、冼星海、何其芳、柯仲平等;也有已投身和参加共产党领导的革命事业的文艺工作者,如周扬、丁玲等;还有不顾艰难险阻从海外辗转到延安的知识分子,如萧三等。延安文艺运动的兴起离不开这一批批文艺工作者的踊跃加入,延安文艺工作者的文艺创作繁荣了陕甘宁边区军民的文化生活。例如在文艺演出方面,先后在延安举办了《团员》《铁甲列车》《大雷雨》《日出》

---

① 王云风主编:《延安大学校史》,陕西人民教育出版社1994年版,第17—18页。
② 甘肃省社会科学院历史研究所编:《陕甘宁革命根据地史料选辑》第4辑,甘肃人民出版社1985年版,第243页。

等数十部大型话剧的演出,新颖的服装道具、舞台灯光、人物形象给延安军民带来了耳目一新的审美体验。同时延安文艺工作者还以各种艺术形式发动群众配合抗日,例如美术工作者以版画、漫画、宣传画等各种绘画形式揭露敌人的侵略罪行,并举办了1938年的新兴木刻纪念展、1939年的鲁艺建校一周年纪念美展和隔年的建校二周年纪念美展等重要展览。这些展览既展示了延安美术家们的创作成就,又通过优秀的艺术作品振奋了军民的抗战精神。

毛泽东在《讲话》中充分肯定了延安文艺工作者的贡献:"依靠这些同志,我们的整个文学工作,戏剧工作,音乐工作,美术工作,都有了很大的成绩。"但随即也指出了当时延安文艺界存在的不良现象:"为着剥削者压迫者的文艺是有的。"由于大多数文艺工作者都出身于小资产阶级,无论是从思想上还是生活作风上都与无产阶级有很大的差异,在思想和生活上需要一个改造和适应的过程。特别是在文艺为人民群众服务的根本问题上缺乏实际行动,还保留着"上海时代的思想",觉得"工农兵头脑简单"[①],文艺工作者从身份上的"化大众"到文艺创作的"大众化"仍然有很多问题要克服。

---

① 艾克恩编:《延安文艺回忆录》,中国社会科学出版社1992年版,第36页。

整风运动后期的一份党务广播稿《关于延安对于文化人的工作的经验介绍》也指出了当时延安文艺界普遍存在的问题：比如是政治与艺术的关系问题，有文艺工作者将文艺创作脱离政治，甚至置于政治之上；又比如作家的立场观点问题，有文艺工作者认为学习马列主义思想会影响文艺创作，可以放弃马列主义的立场观点。[①]时任中共中央组织部部长陈云在延安党的文艺工作者会议上发表的题为《关于党的文艺工作者的两个倾向问题》的讲话中也提到："我们做文艺工作的同志中的两个倾向，或者说两个缺点……一个是特殊，一个是自大。"[②]

这种种问题使得革命文艺与革命战争"在实际工作上却没有互相结合起来"，文艺也就无法实质性地推进革命工作，不利于团结群众投身抗日战争中。毛泽东在1941年9月的中共中央政治局扩大会议上作的关于反对主观主义和宗派主义的报告中指出："在延安的学校中、文化人中，都有主观主义、教条主义。"[③]可见，延安文

[①] 西北五省区编纂领导小组、中央档案馆编：《陕甘宁边区抗日民主根据地·文献卷》下，中共党史资料出版社1990年版，第449—450页。
[②] 《陈云文选》第1卷，人民出版社1995年版，第273页。
[③] 中共中央文献研究室编：《毛泽东年谱（1893—1949）》中卷，中央文献出版社2013年版，第327页。

艺界仍存在唯心论、教条主义、空想、空谈、轻视实践等这些"作风不正的问题",因此,毛泽东认为文艺界"需要有一个切实的严肃的整风运动"。

第二节　延安文艺座谈会的召开

在一大批文艺工作者到来后，延安文艺繁荣发展的新局面很快就打开了，但同时也产生了一系列新的问题，像如何发挥文艺的作用、如何统一对文艺为谁服务等根本问题的思想认识、如何建立文艺界统一战线等。为了系统制定党的文艺工作方针，党中央决定召开文艺座谈会。座谈会的顺利召开以及《讲话》对之后文艺方针与政策产生的重大影响，离不开毛泽东投身革命事业以来对文艺工作一贯的高度重视和座谈会召开之前的充分准备。

一、理论准备

毛泽东在延安文艺座谈会上的讲话，将延安文艺界当时充满对抗和分歧的文艺思想统一到"文艺要为工农兵服务"中去，强调了中国革命文艺的"人民性"，促成了文艺界统一战线的形成。

"人民性"是毛泽东思想的核心观点，毛泽东曾多次论述人民群众对赢取革命战争胜利的不可替代作用。早在 1934 年于江西瑞金召开的第二次全国工农兵代表大会上，毛泽东就强调了人民群众在革命运动中的重要地位："革命战争是群众的战争，只有动员群众才能进行战争，只有依靠群众才能进行战争。"①1937 年抗日战争全面爆发后，毛泽东强调了军民团结对抗战的重要意义："政府和人民之间，军队和人民之间……关系依然十分恶劣，这里有的是隔离而不是团结。这是一个最基本的问题。这个问题不解决，战争的胜利是无从说起的。"②1938 年 5 月，毛泽东在《论持久战》中反复强调要动员军民投身抗日民族统一战线，在讲到动员方法时说："靠口说，靠传单布告，靠报纸书册，靠戏剧电影……方法不合民众口味，神气和民众隔膜，必须切实地改一改。"③指出文艺在动员工作中需要面向群众的现实问题。1940 年 1 月，毛泽东在《新民主主义论》中讲到，新民主主义的文化是大众的，并提出新民主主义文化应该为占全民族百分之九十以上的工农劳苦民众服务。④毛泽东坚信人民群众就是革命文化的丰富源泉，一方面革命文化对人民群众来说是有力的革命武器，另一方面武装了革命文化

---

① 《毛泽东选集》第 1 卷，人民出版社 1991 年版，第 136 页。
② 《毛泽东选集》第 2 卷，人民出版社 1991 年版，第 376 页。
③ 《毛泽东选集》第 2 卷，人民出版社 1991 年版，第 481 页。
④ 《毛泽东选集》第 2 卷，人民出版社 1991 年版，第 708 页。

的人民群众便是一支由革命的文艺工作者充当各级指挥员的"文化大军",这支军队是抗日战争中不可或缺的重要力量。他还非常形象地举例说,革命的文艺工作者不与民众结合的话就是"无兵司令"。[1]

毛泽东还非常重视文艺事业与革命工作的紧密结合。1936年1月,毛泽东在出席中国文艺协会成立大会时就讲道:"发扬苏维埃的工农大众文艺,发扬民族革命战争的抗日文艺,这是你们伟大的光荣任务。"同时,毛泽东也不忘关注党内外马克思主义立场的文艺家的思想,1937年10月,他在延安陕北公学鲁迅逝世一周年纪念大会上讲道:"我们纪念他,不仅因为他的文章写得好,是一个伟大的文学家,而且因为他是一个民族解放的急先锋,给革命以很大的动力。……他用望远镜和显微镜观察社会,所以看得远,看得真。"[2]并在后来明确指出:"鲁迅的方向,就是中华民族新文化的方向。"[3]

沿着鲁迅开辟的道路和方向,中国共产党领导的第一所培养文艺人才的专业学校——鲁迅艺术学院在毛泽东和周恩来等人的直接倡导下成立了,毛泽东非常重视鲁艺的发展,多次在鲁艺发表有关文艺的重要讲话。

---

[1]《毛泽东选集》第2卷,人民出版社1991年版,第708页。
[2]《毛泽东论文艺》,人民文学出版社1992年版,第8页。
[3]《毛泽东选集》第2卷,人民出版社1991年版,第698页。

第一章　写作背景、版本源流及经典地位

1938年4月，毛泽东在鲁迅艺术学院成立大会上的讲话中讲道："亭子间的人弄出来的东西有时不大好吃，山顶上的人弄出来的东西有时不大好看。既然是艺术，就要又好看又好吃……要在民族解放的大时代去发展广大的艺术运动，在抗日民族统一战线方针指导下，实现文学艺术在今天中国的使命和作用。"①这强调了革命的文艺需要文艺工作者齐心协力，去掉"自大主义"，站在人民的立场创造出内容切实、艺术形式丰富的文艺作品，积极配合革命战争求得民族解放。同年5月，毛泽东在鲁艺论述有关抗战文艺的重要问题时再次强调："无产阶级文学艺术工作者要到革命斗争中去，同时学习人民的语言。""你们'鲁艺'是个小观园……抗日民主根据地就是大观园。你们的大观园在太行山、吕梁山。"②1939年1月，毛泽东在给鲁艺路社的一封信中提道："无论文艺的任何部门，包括诗歌在内，我觉都应是适合大众需要的才是好的。现在的东西中，有许多有一件毛病，不反映民众生活，因此也为民众所不懂。"③这些文艺为人民

---

① 中共中央文献研究室编：《毛泽东年谱（1893—1949）》中卷，中央文献出版社2013年版，第64—65页。
② 艾克恩主编：《延安文艺史》上，河北教育出版社2009年版，第134页。
③ 孙国林：《重新发现的一封毛泽东谈诗歌问题的信》，《文艺理论与批评》1989年第2期。

的立场观点都与后来《讲话》中的文艺人民性思想一脉相承。

在座谈会召开前一段时间,毛泽东还专门收集和集中研读了马克思主义经典作家关于文艺的论著,如委托当时的《解放日报》社长博古翻译了马克思、列宁关于文艺的经典著述以及当时苏联的一系列文艺政策等。

二、会前准备

毛泽东一贯重视调查研究,我们从《毛泽东选集》第1卷的《湖南农民运动考察报告》中就能够充分感受到。在1937年的《实践论》中,他还讲道:"只有那些主观地、片面地和表面地看问题的人,跑到一个地方,不问环境的情况,不看事情的全体(事情的历史和全部现状),也不触到事情的本质(事情的性质及此一事情和其他事情的内部联系),就自以为是地发号施令起来,这样的人是没有不跌交子的。"[①] 所以,在座谈会前,毛泽东对延安文艺界的情况特别是存在的问题做了充分的调查研究。他先后与欧阳山、草明、艾青、萧军、舒群、罗烽、何其芳、周立波、曹葆华、严文井、刘白羽

---

① 《毛泽东选集》第1卷,人民出版社1991年版,第290页。

等二三十位当时的知名文艺工作者通信联系或约请他们当面探讨文艺问题,请他们帮忙收集各种各样的文艺观点。仅在1942年4月,关于毛泽东与文艺工作者的谈话的文字记载就有一二十起。[①]

他首先找丁玲谈了关于文艺批评的问题,紧接着找刘白羽商量让文艺工作者发表"正面意见"和"反面意见"的事。然后经周扬推荐,毛泽东又与何其芳、陈荒煤、严文井等人讨论了关于小资产阶级文艺工作者的思想问题。还两次约见了罗烽,谈了关于舞会问题、杂文问题和"两个口号"的争论问题。在4月13日致欧阳山、草明的信中,毛泽东写道:"拟请代我搜集反面的意见,如有所得,祈随时赐示为盼!"四天后又复信说:"如果你们在搜集材料,那很好,正反两面都盼搜集,最好能给我一个简明的说明书。"可见其对问题的高度重视。座谈会开始前他和艾青、刘白羽分别有过三次深入的谈话。艾青回忆毛泽东第一次邀他面谈时讲道:"现在延安文艺界有很多问题,很多文章大家看了有意见。有的文章像是从日本飞机上撒下来的;有的文章应该登在国民党的《良心话》上的……你看怎么办?"

[①] 张军锋编:《延安文艺座谈会的台前幕后》上,陕西师范大学出版总社有限公司2014年版,前言,第6页。

艾青说："开个会，你出来讲讲话吧。"毛泽东问："我说话有人听吗？"艾青说："至少我是爱听的。"过了两天，毛泽东在给艾青的第二封信中又写道："前日所谈有关文艺方针诸问题，请你代我收集反面的意见。如有所得，希随时赐知为盼。此致敬礼！"并且在"反面的"三个字上面还特别圈了三个圈。[1] 刘白羽回忆说，《讲话》中指出的"不是立场问题；立场是对的，心是好的，意思是懂得的，只是表现不好，结果反而起了坏作用"，就是他汇报给毛泽东的。[2] 后来毛泽东还约见了陕甘宁边区教育厅长周扬，与他长谈《讲话》的提要，同时请周扬代拟一份参会人员名单以供定夺。此外，毛泽东还委托凯丰等人与其他文艺工作者进行谈话，并将意见认真收集整理。

在收集和整理诸多文艺界的意见后，4月下旬，毛泽东与周扬、舒群等共同草拟了一份座谈会人员名单，并以毛泽东和中宣部代部长凯丰的名义发出。这是一份由粉红油光纸油印的请柬，内容如下：

---

[1] 艾青：《漫忆四十年前的诗歌运动》上，《诗刊》1982年第5期。
[2] 刘白羽：《延安文艺座谈会的前前后后》，《人民论坛》2002年第5期。

第一章　写作背景、版本源流及经典地位

请　柬

为着交换对于目前文艺运动各方面问题的意见起见，特定于五月二日下午一时半，在杨家岭办公厅楼下会议室内开座谈会，敬希届时出席为盼。

此致

×××同志

毛泽东

凯丰

四月二十七日

三、大会召开

1942年5月2日下午，座谈会在延安杨家岭举行，由中共中央宣传部代部长凯丰主持，开会地点是平时兼作食堂的一间不到120平方米的会议室。出席这次座谈会的文艺工作者约有90人，会场没有设置座位号，大家随意入座，气氛轻松自在。

凯丰作了简要的开场白后，毛泽东便做了后来收录在《讲话》的"引言"，他首先指出座谈会的目的是"研究文艺工作和一般革命工作的关系，求得革命文艺的正确发展，求得革命文艺对其他革命工作的更好的协助，借以打倒我们民族的敌人，完成民族解放的任务"。接着说道："我们要战胜敌人，首先要依靠手里拿枪的军队，但仅有这种军队是不够的，我们还要有文化的军队。这两支军队，一支是朱总司令的，一支是鲁总司令的。"随后他提出了文艺工作的立场、态度、工作对象、工作和学习等问题供大家讨论。

毛泽东讲话结束后，没人愿意第一个发言。这时丁玲鼓励坐在旁边的萧军说："你是学炮兵的，你第一个开炮吧！"①萧军便作了后来刊登在《解放日报》的题为《对于当前文艺诸问题的我见》的发言。但萧军激情澎湃的发言引起毛泽东秘书胡乔木的强烈不满，胡乔木站起来毫不客气地驳斥萧军，萧军也毫不示弱地回击，延安文艺座谈会的第一次会议就出现激烈的争论。临近傍晚时凯丰与毛泽东轻声商量后宣布休会，让大家继续准备第二次会议。

5月16日，第二次全体会议仍是气氛热烈地开了一整天。萧军、胡乔木、欧阳山、艾青、周扬、何其芳等人陆续发言，到下午会议快结束时，白朗突然递上张字条请毛泽东对前线严峻的战争局势作出批示，毛泽东以

---

① 艾克恩编：《延安文艺回忆录》，中国社会科学出版社1992年版，第114页。

轻松的口吻回答道:"地还是要种的,风还是要整的",还说"整风学习,不违农时,精兵简政,多余迁徙"①,体现了毛泽东伟大的战略思想。

5月23日下午,由于延安的许多文艺工作者听闻毛泽东要作发言,参加会议的人员比前两次增多了不少,约120人。朱德是下午最后一位发言人,他针对前面一些态度傲慢的发言者毫不客气地说:"不要眼睛太高,要看得起工农兵。"随后还说道:"重庆吃的住的穿的东西比延安好。但是,那再好,是人家的呵!延安的东西再不好,是我们自己的呵!"②下午会议结束后,毛泽东、朱德以及其他中央领导同志与全体100多名代表在延安杨家岭中共中央办公厅大楼前的空场合影,由吴印咸拍下了这一无比珍贵的历史影像。

拍完集体照和吃完晚饭后,会场转移到大楼前的空地,由于天色已暗,在场人员支起了一副三角形木架,挂上汽灯,围坐在空地等待毛泽东发言。在"结论"的发言正式开始前,毛泽东还风趣地说:"同志们,还有要发言的吗?如果没有,我就做结论。……前两次是我

---

① 艾克恩编:《延安文艺回忆录》,中国社会科学出版社1992年版,第380页。
② 艾克恩编:《延安文艺回忆录》,中国社会科学出版社1992年版,第74页。

出题目，大家做文章。今天是考我一考，大家出题目，要我做文章，题目就叫'结论'。"毛泽东针对座谈会讨论较为激烈的问题，根据延安文艺界的现实情况，总结了五四运动以来中国革命文艺运动的经验，从马克思主义理论的高度系统地剖析了文艺工作中的根本问题，奠定了中国革命文艺的路线、方针和政策。

第三节 《讲话》的版本源流

毛泽东的《在延安文艺座谈会上的讲话》(以下简称《讲话》)自刊印以来经历了反复的修改与编辑,在不同时期的版本中,学界普遍认为,1942年版、1943年版、1953年版和1991年版这四个版本最具代表性。《讲话》内容的几次大修改主要集中在1942年5月的速记稿,到1943年10月《解放日报》第一次的公开发表版本(以下简称1943年版),再到收录在1953年3月人民出版社《毛泽东选集》第3卷中的版本,最后是收录在1991年人民出版社出版的《毛泽东选集》第二版的注释校订版本。

一、1942年速记稿版本

据参加延安文艺座谈会的许多亲历者回忆,毛泽东在1942年5月2日下午发表了"引言",在5月23日当日晚饭后作了题为"总结"的讲话。这两部分内容由当时的速记员周昆玉等四人速记成稿。①还有一种说法为七七出版社在1942年5月根据速记稿版本印行过《讲话》的第一个版本。②

二、1943年《解放日报》版本

1943年10月19日，在纪念鲁迅逝世七周年之际，《解放日报》以头版、四版全版以及辟栏二版部分版面全文发表《讲话》，在正文前有这样一段按语："今天是鲁迅先生逝世七周年纪念，我们特发表毛泽东同志1942年5月在延安文艺座谈会上的讲话，以纪念这位中国文化革命的最伟大的最英勇的旗手。"同时，延安解放社正式出版了正文前附有《解放日报》编者按的《讲话》单行本，通常称为"1943年本"或"解放社本"。

1943年版相较于1942年速记稿版有两大方面的修改。一是文本语言更书面化。速记稿版的口语气息较为浓郁，还包括一些较为俏皮的言辞，1943年版主要是对这些内容进行了润饰与增减。据座谈会亲历者回忆，毛泽东在会上曾风趣地说："我们有两支军队，一支是朱

---

① 孙国林：《延安文艺座谈会的台前幕后》，《党史博采》2004年第6期。
② 刘金田、吴晓梅：《尘封：〈毛泽东选集〉出版的前前后后》，台海出版社2012年版，第41页。

（德）总司令的，一支是鲁（迅）总司令的。"①这一说法在1943年的《解放日报》版中改为更具概括性的"手里拿枪的军队"和"文化的军队"。二是增加了配合当时政治工作的内容。例如关于"特务文艺"的提法，当时由于受到"抢救运动"的影响，《讲话》里提到，在文艺界党员中，除了思想上没有入党的人以外，还有一批更坏的人，就是组织上加入的也是日本党、汪精卫党、大资产阶级大地主的特务党，但是他们随后又钻进了共产党和共产党领导的组织，挂着"党员"和"革命者"的招牌。

《讲话》之所以没有在当年立即正式发表，其原因一是毛泽东尽管对整理稿表示满意，但他仍坚持要对文稿进行推敲、修改，但他能抽出花在修改文稿上的时间实在有限。据《解放日报》的工作人员回忆，"毛泽东校对的清样正确无误，勾画得很清楚，加写的字迹潇洒，是一幅精彩的书法艺术作品"②。遗憾的是由于手续复杂、时间紧促，这份清样没能留存下来；二是要择机而发，所以在1943年10月19日鲁迅逝世七周年时才正式全文发表。胡乔木回忆说："整理后，毛主席看过

---

① 艾克恩编：《延安文艺运动纪盛》，文化艺术出版社1987年版，第350页。
② 黎辛：《延安文艺座谈会的前前后后》，《纵横》2002年第5期。

就放到那里了。发表还要找个时机,同鲁迅逝世纪念日可能有点关系。"①

10月20日,中共中央总学习委员会发出通知:"《解放日报》10月19日发表毛泽东同志在1942年5月延安文艺座谈会上的讲话,是中国共产党思想建设理论建设事业上最重要的文献之一,是毛泽东同志用通俗语言所写成的马克思列宁主义中国化的教科书。……各地党组织收到这一文章后,尽量印成小册子发送到广大的学生群众和文化界知识界的党内外人士中去。"②

三、1953年人民出版社版本

新中国成立后,中央决定由人民出版社出版《毛泽东选集》,《讲话》被收录进第3卷。毛泽东选集出版委员会在《本书出版的说明》中指出,各地出版的《毛泽东选集》"都是没有经过著者审查的,体例颇为杂乱,文字亦有错讹"③。毛泽东于1951年2月到4月在1942年

---

① 胡乔木:《胡乔木回忆毛泽东》,人民出版社1994年版,第58页。
② 《中央总学委关于学习毛泽东同志〈在延安文艺座谈会上的讲话〉的通知》,《解放日报》1943年10月22日。
③ 刘增杰:《〈在延安文艺座谈会上的讲话〉版本考释》,《新文学史料》2013年第3期。

版的《讲话》基础上进行了600余处的修改，主要改动为以下几方面：

一是根据时代语境变化做了大量内容修改。对前文提到的受"抢救运动"影响写进1943年版的内容进行了修改和删减，把关于周作人和张资平的内容由"奴隶文化""奴隶文艺"改为"汉奸文艺"等，将原来《结论》部分中"还有一批更坏的人，就是组织上加入的也是日本党、汪精卫党、大资产阶级大地主的特务党，但是他们随后又钻进了共产党和共产党领导的组织，挂着'党员'和'革命者'的招牌"这部分内容删去。同时，把"奴隶文化"改为"买办文化"，把"红军战争"改为"革命战争"，把"日本法西斯"改为"日本帝国主义"，并删除有关"特务"的文本内容。

二是提高文本表述的规范性和精简度，进行了多处删减与修改。例如把"抗战以后"改为"抗日战争以后"，把"内战时期"改为"十年内战时期"。将1943年版"引言"部分中的这段内容："对于敌人，对于日本法西斯和一切人民的敌人，我们应该不应该给他们'歌颂'呢？绝对不应该，因为他们都是万恶的反动派。他们在技术上也许有些优点，譬如说他们枪炮好，但是好的枪炮拿在他们手里就是反动的。我们武装军队的任务是在把他们的枪炮夺取过来，转过去打倒他们，我们文化军队的任务是在暴露一切敌人的残暴、欺骗及其必然失败的前途，鼓励抗日军民同心同德，坚决地打倒他们。"在 1953 年版中被简化为："对于敌人，对于日本帝国主义和一切人民的敌人，革命文艺工作者的任务是在暴露他们的残暴和欺骗，并指出他们必然要失败的趋势，鼓励抗日军民同心同德，坚决地打倒他们。"

三是增强文章的严肃性。例如将"结论"部分中的"这些同志的屁股还是坐在小资产阶级方面"的内容做了删减或改写，把"屁股移过来"改为"把立足点移过来"。还有将一些带有通俗说法的内容也删除了，将"结论"中的"活的列宁比小说戏剧电影里的列宁不知生动丰富得多少倍，但是活的列宁一天到晚做的事情太多了，还要做许多完全和旁人一样的事，而且能够看见列宁的人很少，列宁死后大家再也看不见他了。在这方面，小说戏剧电影里的列宁就比活的列宁强"删去；将 1943 年版中的"拿未曾改造的知识分子与工农兵比较，就觉得知识分子不但精神有很多不干净处，就是身体也不干净，最干净的还是工人农民"改为"拿未曾改造的知识分子与工人农民比较，就觉得知识分子不干净了，最干净的还是工人农民"。

四、1991年人民出版社版本

1990年，中共中央批准重新修订《毛泽东选集》。1991年，《毛泽东选集》第二版第一至四卷由人民出版社出版发行。此次《讲话》的版本与前作的区别主要是在注释上的改动。如《第二版出版说明》中所说，"《毛泽东选集》第一至四卷的修订工作，主要是校订注释，改正注释中某些错讹的史实和不准确的提法，增补一些新的注释，删去少量的注释"。调整的注释主要有两方面：

一是将列宁的著作《党的组织和党的文学》改为《党的组织和党的出版物》。胡乔木认为列宁的这本著作讲的是关于齿轮和螺丝钉的比喻，这两者都不是指文学方面的内容，他在1981年的一次讲话中还强调这个问题。他在回忆录中写道："当时《解放日报》登的这篇文章，是博古翻译的。LITERATURE，很容易译成文学，但LITERATURE的意义很多，我反复看原文，认为不能译成文学。"①

二是将两条关于三位人物的注释做了修改。1991年版以客观平实的人物介绍替换了1953年版中带有褒贬色彩的文段。1953年版中对梁实秋、周作人和张资平的

---

① 胡乔木：《胡乔木回忆毛泽东》，人民出版社1994年版，第58页。

注释为"梁实秋是反革命的国家社会党的党员。他在长时期中宣传美国反动资产阶级的文艺思想，坚持反对革命，咒骂革命文艺""周作人、张资平在一九三七年日本占领北京、上海后，先后投降日寇"。在1991年版的注释中，三人的介绍更为客观平实。

五、其他版本

除了以上四个被研究得较多的版本外，《讲话》还有许多版本。如最早的单行本是1943年10月由解放社在《讲话》于《解放日报》首次公开发表的同时出版印刷的，为一本32开共40页的铅印单行本。在随后的抗日战争和解放战争时期，各解放区的新华书店克服重重困难，先后出版印刷过《讲话》的单行本，使毛泽东文艺思想广为传播。《讲话》在国统区以"文艺问题"为书名出版。1946年2月，香港的中国灯塔出版社印刷此书时，为迷惑敌人，仍以"文艺问题"为书名。

《讲话》还被译成多国文字，先后在50多个国家出版发行。《讲话》先是在亚洲各国如朝鲜、日本、蒙古、印度、越南等国家译介出版，还在前苏联受到高度重视。1949年后开始在欧洲各国如法国、意大利、德国等传播，形成广泛影响。

第四节 《讲话》的经典地位

《讲话》是毛泽东思想在文艺领域的集中体现,是中国共产党领导文艺事业的第一部经典文献,概括和总结了五四运动以来中国革命文艺发展的历史经验,系统地论述了关于文艺的一系列重大理论问题,是马克思主义基本原理与中国革命实际和文艺实践相结合的产物,因而是马克思主义文艺理论中国化的一座闪耀着真理光辉的里程碑。

在《讲话》正式全文发表一周年后的1944年,周扬在其选编的《马克思主义与文艺》一书的序言中就提出:"毛泽东同志的《在延安文艺座谈会上的讲话》给革命文艺指示了新方向,这个讲话是中国革命文学史、思想史上的一个划时代的文献,是马克思主义文艺科学与文艺政策的最通俗化、具体化的一个概括,因此又是马克思主义文艺科学与文艺政策的最好的课本。"[1] 这是最早明确《讲话》作为马克思主义文艺理论中国化经典的提法。

---

[1] 周扬:《马克思主义与文艺》,解放社1950年版,序言,第1页。

《讲话》准确地指出抗日战争时期解放区革命文艺领域存在的问题，准确地指明中国现代进步文艺的发展方向，有力地指引解放区新文艺创造出中国现代文艺民族化、大众化的一个难以逾越的高峰，极大地推动了中华民族解放的伟大事业。虽然"文艺为政治服务"的立场不可避免地带有革命时期特定的历史局限性，甚至"文艺从属于政治"的论断在特殊历史时期使文艺被当作政治斗争的工具，但毋庸置疑的是，《讲话》中的人民性思想历久弥新，至今仍为新时代文艺工作者深入生活创作出人民群众喜闻乐见的文艺作品发挥着指导性作用。《讲话》所开创的扎根时代生活和人民大众之间的新文艺之路以及那时所创造出的充满解放区新气象的无数经典作品，在几代中国人心中和中国现代文艺发展的历程中都产生了极其深远的影响。

第二章

文艺要为人民服务

任何人的任何社会活动包括艺术活动，都必然站在特定的立场上，带有特定的情感、态度和目的。这种特定的立场不仅取决于个人经历和价值观念等，也受制于时代条件和现实利益等，因而对于任何个人来说，绝对客观的立场显然并不存在。所以，《讲话》开门见山地强调了"我们是站在无产阶级的和人民大众的立场"。基于这一立场，毛泽东非常明确地提出："我们的文艺应当为千千万万劳动人民服务"。

在5月2日座谈会的一开始，也就是《讲话》的引言开篇，毛泽东就开宗明义地讲到召开会议的目的是要"求得革命文艺的正确发展，求得革命文艺对其他革命工作的更好的协助，借以打倒我们民族的敌人，完成民族解放的任务"。而为达到这一目的，必须解决两个最基本的问题，即"一个为群众的问题和一个如何为群众的问题"。

第一节　文艺工作者的立场问题

在5月2日的会议上,毛泽东讲到召开这次座谈会"就是要使文艺很好地成为整个革命机器的一个组成部分,作为团结人民、教育人民、打击敌人、消灭敌人的有力的武器,帮助人民同心同德地和敌人作斗争"。为此需要解决一些问题,首先就是文艺工作者的立场问题。因为在这个问题上,文艺工作者中还有认识不正确或者认识不明确的。在5月23日总结讲话中,他进一步阐述了文艺工作者立场问题的重要性:"为什么人的问题,是一个根本的问题,原则的问题。"因而"这个根本问题不解决,其他许多问题也就不易解决"。

在座谈会之前,一贯注重调查研究的毛泽东是做了大量工作的。所以他非常犀利地指出:"这个问题,本来是马克思主义者特别是列宁所早已解决了的。列宁还在一九〇五年就已着重指出过,我们的文艺应当'为千千万万劳动人民服务'。"那为什么还需要重点解决这个问题呢?毛泽东分析道:"有许多同志,因为他们自己是从小资产阶级出身,自己是知识分子,于是就只在知识分子的队伍中找朋友,把自己的注意力放在研究和描写知识分子上面。"而且，他还深刻地认识到，这个问题不可能是一蹴而就地得到解决，"要彻底地解决这个问题，非有十年八年的长时间不可。但是时间无论怎样长，我们却必须解决它，必须明确地彻底地解决它"。那么，明确地彻底地解决这一问题的前提有哪些？

首先，文艺工作者必须弄清楚文艺的属性问题。从马克思主义理论来看，作为意识形态的文艺是有着鲜明的阶级属性的。所以，《讲话》在列举了为地主阶级的封建主义文艺、为资产阶级的资产阶级文艺、为帝国主义的汉奸文艺等之后，强调"现阶段的中国新文化，是无产阶级领导的人民大众的反帝反封建的文化"。这是在座谈会召开前两年即1940年1月的《新民主主义论》一文中，毛泽东已经明确提出的有关新民主主义文化的论断："所谓新民主主义的文化，就是人民大众反帝反封建的文化；在今日，就是抗日统一战线的文化。这种文化，只能由无产阶级的文化思想即共产主义思想去领导，任何别的阶级的文化思想都是不能领导了的。所谓新民主主义的文化，一句话，就是无产阶级领导的人民大众的反帝反封建的文化。"[①] 只有无产阶级领导的文艺，才能确保文艺为人民大众服务的正确方向。毛泽东明确

---

① 《毛泽东选集》第2卷，人民出版社1991年版，第698页。

指出:"资产阶级领导的东西,不可能属于人民大众。"即便有人"在口头上提出什么文艺是超阶级的,但是他们在实际上是主张资产阶级的文艺,反对无产阶级的文艺的"。

马克思主义认为,文学艺术是以感性直观的形式反映客观世界和现实生活的一种社会意识形态。在《〈政治经济学批判〉序言》中,马克思明确指出,艺术同法律的、政治的、宗教的或哲学的东西一样,也是一种社会"意识形态的形式",它既被一定的经济基础所决定或制约,又反作用于一定的经济基础。这是文艺的最本质属性。当然,这并不是说对艺术的理解,一定要明确地找出某种艺术形象与某种经济基础之间直接的对应关系才行。因为艺术除了同经济基础的这种最终决定关系以外,它还同政治、哲学、宗教和道德等其他社会意识形态之间有着这样或那样的关系。一般来说,任何一个时代的政治、经济、军事、宗教、社会道德以及社会风尚等状况,都会不同程度地被反映在文艺作品中。因此,不同时代的人间沧桑、民族兴衰、时代变迁等,能够通过世代相传的文艺作品得到感性直观的生动展现。文艺作品不同于历史著作的事件叙述,而是以带有艺术家生命情感体验和价值观念判断的丰富形象来表现历史与文明,这就不仅可以让人们充分认识和领略人类生产生活中的奋斗创造，也有助于人们认识社会的本质和事物发展的规律，所以不少传世文艺经典被称为"史诗"。也正因如此，马克思赞颂作家狄更斯等人"在自己的卓越的、描写生动的书籍中向世界揭示的政治和社会真理，比一切职业政客、政论家和道德家加在一起所揭示的还要多"[1]。恩格斯则说他从《人间喜剧》中所学到的东西，甚至"比从当时所有职业的历史学家、经济学家和统计学家那里学到的全部东西还要多"[2]。

在弄清楚文艺这种本质属性和阶级属性之后，还需要清楚"人民大众"是一个在特定历史阶段有所确指的概念。

什么是人民大众呢？在《讲话》中，毛泽东明确指出："最广大的人民，占全人口百分之九十以上的人民，是工人、农民、兵士和城市小资产阶级。"即是说，在当时的中国，工人、农民、士兵和城市小资产阶级这四种人，分别作为领导革命的阶级，革命中最广大最坚决的同盟军，革命战争的主力即武装起来了的工人农民包括八路军、新四军和其他人民武装队伍，能够长期合作的革命同盟者，即城市小资产阶级劳动群众和知识分

---

[1]《马克思恩格斯全集》第10卷，人民出版社2016年版，第686页。
[2]《马克思恩格斯全集》第37卷，人民出版社2016年版，第42页。

子,他们是中华民族的最大部分,"就是最广大的人民大众"。要为这四种人服务的文艺,就必须站在无产阶级的立场上,而不能站在小资产阶级的立场上。那为什么有些文艺工作者"在实际上,在行动上""对小资产阶级知识分子比对工农兵还更看得重要些呢?"毛泽东对此作了非常深刻的分析,认为"他们的灵魂深处还是一个小资产阶级知识分子的王国"。

一些文艺工作者之所以也在讲要以艺术为人民服务,但事实上并没有真正解决立场问题,其深层思想根源就在于此。毛泽东一针见血地指出,很多人由于出身小资产阶级家庭,所以"他们是站在小资产阶级立场,他们是把自己的作品当作小资产阶级的自我表现来创作的,我们在相当多的文学艺术作品中看见这种东西。他们在许多时候,对于小资产阶级出身的知识分子寄予满腔的同情,连他们的缺点也给以同情甚至鼓吹"。这一问题的实质,还是知识分子能否与人民大众真正地彻底地相结合,这是毛泽东始终极为重视的问题。早在此前三年,也就是1939年的《五四运动》一文中,他就明确提出"知识分子如果不和工农民众相结合,则将一事无成"的论断,而且把这一结合作为一条重要的分界线:"革命的或不革命的或反革命的知识分子的最后的分界，看其是否愿意并且实行和工农民众相结合。"[1]这是对五四运动其中一个方面的重要意义的阐述，也是对中国现代社会运动正确方向的阐明。

要真正解决这一立场问题，文艺工作者还必须清楚这一问题存在的严重性和危害性，毛泽东以文艺界的宗派主义为例，说明"这个根本问题不解决，其他许多问题也就不易解决"。他引用了鲁迅1930年在上海左翼作家联盟成立大会上的演说中的观点："而我们战线不能统一，就证明我们的目的不能一致，或者只为了小团体，或者还其实只为了个人，如果目的都在工农大众，那当然战线也就统一了。"[2]这是很有说服力的。因此"只有把为工农，为八路军、新四军，到群众中去的口号提出来，并加以切实的实行，才能达到目的，否则宗派主义问题是断然不能解决的"。那怎样"切实的实行"以"完全地彻底地解决这个问题"呢？毛泽东明确提出"要学习马克思主义和学习社会"。他还进一步指明："我们说的马克思主义，是要在群众生活群众斗争里实际发生作用的活的马克思主义，不是口头上的马克思主义。把口头上的马克思主义变成为实际生活里的马

---

[1]《毛泽东选集》第2卷，人民出版社1991年版，第559页。
[2]《鲁迅全集》第4卷，人民文学出版社2005年版，第242—243页。

克思主义,就不会有宗派主义了。"

在弄清楚文艺的属性、人民大众的概念、产生问题的思想根源和这一问题的危害性,解决了文艺工作者的立场问题之后还需要讨论态度问题,因为"随着立场,就发生我们对于各种具体事物所采取的具体态度"。

第二节 文艺工作者的态度问题

态度问题是《讲话》引言中提出要解决的第二个问题。毛泽东直截了当地指出:"比如说,歌颂呢,还是暴露呢?这就是态度问题。究竟哪种态度是我们需要的?我说两种都需要,问题是在对什么人。"然后,他非常明确地论述了对待敌人、同盟者和自己人这三种人应该采取的三种态度:"对于敌人,对于日本帝国主义和一切人民的敌人,革命文艺工作者的任务是在暴露他们的残暴和欺骗,并指出他们必然要失败的趋势,鼓励抗日军民同心同德,坚决地打倒他们。对于统一战线中各种不同的同盟者,我们的态度应该是有联合,有批评,有各种不同的联合,有各种不同的批评。他们的抗战,我们是赞成的;如果有成绩,我们也是赞扬的。但是如果抗战不积极,我们就应该批评。如果有人要反共反人民,要一天一天走上反动的道路,那我们就要坚决反对。至于对人民群众,对人民的劳动和斗争,对人民的军队,人民的政党,我们当然应该赞扬。"对待前两者的态度应当说是很好理解的,例如1938年张天翼发表在《文艺阵地》上的短篇小说《华威先生》,就形象地刻画了一位权欲熏心、傲慢虚伪的文化官员形象,讽刺了国统区打着服务民众旗号损害民众利益的国民党官僚作风。但是,对"自己人"也就是"人民群众及其先锋队"就应该一味地赞扬吗?他们有缺点有错误怎么办?对此,毛泽东并不讳言"无产阶级中还有许多人保留着小资产阶级的思想,农民和城市小资产阶级都有落后的思想",但是,正确的态度是"我们应该长期地耐心地教育他们,帮助他们摆脱背上的包袱,同自己的缺点错误作斗争,使他们能够大踏步地前进"。在解放区文艺界,也并不乏这样正面的典型。比如陕甘宁边区民众剧团的创始人和首任团长柯仲平,1940年秋天带剧团到富县演出时,听说当地有位走遍秦晋陇三省的眉户剧名角李卜,就数次做工作请他加入剧团。但作为旧艺人,李卜有吸食鸦片的毛病,柯仲平又耐心地帮他戒掉了烟瘾,使他成为一名深受群众喜爱的革命艺术家。柯仲平认为对待这样有缺点的文艺工作者,"首先是关心他们,尊重他们,熟悉他们,然后在思想上、政治上提高他们,吸取他们的技术特长,帮助他们逐渐改掉旧习气,使他们自然地具有拥护革命的认识"[1]。这是完全符合当时革命形势需要的,也是《讲话》中旗帜鲜明地大

---

[1] 艾克恩主编:《延安文艺史》上,河北教育出版社2009年版,第105页。

力提倡的做法。毛泽东认为文艺要描写这个改造过程，文艺作品"应该是使他们团结，使他们进步，使他们同心同德，向前奋斗，去掉落后的东西，发扬革命的东西，而决不是相反"。

在 5 月 23 日的《讲话》中，毛泽东指出很多同志"都有某种程度的轻视工农兵、脱离群众的倾向"。他还对"某种程度"的含义作了进一步的阐明："这些同志的轻视工农兵、脱离群众，和国民党的轻视工农兵、脱离群众，是不同的；但是无论如何，这个倾向是有的。"这一倾向就导致这些文艺工作者在态度和情感上是疏离于人民大众的。

对此，毛泽东非常犀利地批评了这些人对于工农兵群众"缺乏接近，缺乏了解，缺乏研究，缺乏知心朋友，不善于描写他们；倘若描写，也是衣服是劳动人民，面孔却是小资产阶级知识分子。他们在某些方面也爱工农兵，也爱工农兵出身的干部，但有些时候不爱，有些地方不爱，不爱他们的感情，不爱他们的姿态，不爱他们的萌芽状态的文艺（墙报、壁画、民歌、民间故事等）。他们有时也爱这些东西，那是为着猎奇，为着装饰自己的作品，甚至是为着追求其中落后的东西而爱的。有时就公开地鄙弃它们，而偏爱小资产阶级知识分子的乃至资产阶级的东西"。这段论述，可以说是一针见血地指出了当时延安文艺界存在的问题。丁玲后来回忆说："有些人就觉得延安原有的文艺太'土'了；有的人认为原来的都是宣传品，没有艺术性；有的人认为过去的那些节目只是豆芽菜；更多的人被从未见过的堂皇的布景、美丽的服装、变化的灯光、曲折的情节、宏伟的场面所吸引。很多人对此欣赏欢迎，一些文艺工作者争相仿效，于是搞闭门造车，关门提高，厚古薄今，言必称希腊。"①当时延安民间文艺是不是"土"？客观而言，回答是肯定的。即使今天，我们看被誉为"剪花娘子"的陕北老艺人库淑兰的剪纸作品，似乎也有一种"土味"。但就是这花花绿绿的色彩、憨态可掬的人物和动物形象，透着黄土高原特有的一种质朴而厚重的味道，充满着农耕民族瓜瓞永续的生命力的审美"味道"。但是，中国文艺面向人民大众的现代转型，在当时恰恰特别需要这种"味道"，需要这种力量。

从数千年来中国传统文艺发展来看，虽然有"雅俗共赏"之说，但绝大多数不识文字、不通笔墨且终年劳作的社会底层大众所能欣赏到的传统文艺经典是极其有限的，虽然他们的艰难时日中也不乏民歌、传

---

① 《延安文艺丛书》编委会编：《延安文艺丛书》第1卷，湖南人民出版社1984年版，总序，第5页。

说、皮影、杂耍、剪纸、年画等充满烟火气息的民间文艺，但毕竟基本无缘于"琴棋书画诗酒花"的文人雅事。这也是20世纪初新文化运动兴起之后，提倡白话文、建设平民文学和改良中国画等文艺主张出现的重要原因之一。中国共产党从成立伊始，就特别重视以文艺发动人民群众。1921年11月，中国共产党中央局就发布《中国共产党中央局通告——关于建立与发展党、团、工会组织及宣传工作等》的通告，规定"中央局宣传部在明年七月以前，必须出书（关于纯粹的共产主义者）二十种以上"[1]。1923年，赴俄考察归来的瞿秋白在探讨上海大学艺术系教学方案时讲到："其实音乐及歌术，是艺术中最接近民众有益社会的，于中国现时的文化程度之下，尤其必须提倡整顿。"[2]同年11月，刊印于《中国共产党党报》的《教育宣传问题议决案》中提到："凡能与工人接触之党员当尽力运用《前锋》《新青年》《向导》社会科学讲义等之材料，使用口语，求其通俗化。""当尽力编著通俗的问答的歌谣的小册子。""农民间之宣传大致与工人中相等，但材料当取

---

[1] 中央档案馆编：《中共中央文件选集》第1册，中共中央党校出版社1989年版，第26页。
[2] 《瞿秋白文集》第2卷，人民出版社2013年版，第136页。

之于农民生活；尤其要指明农民与政治的关系。"[1] 1925年 10 月，中共中央制定的《宣传问题议决案》中提到："我们的鼓动应当使群众了解，要使极落后的工人苦力都能懂得，才能有力。所以应当用极通俗的言语文字。可是不但言语文字要接近群众，鼓动的内容也要接近群众。"[2]

随着农民运动在各地的深入，1926 年 7 月，中共第三次中央扩大执行委员会制定了《农民运动决议案》，在宣传问题方面提出"一切鼓动和宣传，当以农民实际生活痛苦为出发点，切忌广泛的宣传及机械式讲义式的训话"。因此，在宣传方法上"当注意利用画报，标语，歌谣，幻灯，小说式的文字等项，好能改变乡村传说神话而把我们的宣传附会上去，不要作毫无兴趣的机械式的讲义式的灌输"[3]。1928 年 10 月，中共中央在《关于宣传鼓动工作》中强调要"把党的政策口号，编成咏语

---

[1] 中央档案馆编：《中共中央文件选集》第 1 册，中共中央党校出版社 1989 年版，第 205—206 页。
[2] 中央档案馆编：《中共中央文件选集》第 1 册，中共中央党校出版社 1989 年版，第 478 页。
[3] 中央档案馆编：《中共中央文件选集》第 2 册，中共中央党校出版社 1989 年版，第 209 页。

山歌"①。中央的这些文件和指示为各根据地以文艺发动群众提供了明确方向。

1929年,《宣传工作决议案》中提出:"为要适合于一般工农群众的兴趣,与一般比较落后的女工童工苦力工人农民的文化水平,党必须注意编印发行画报画册及通俗小册子的工作。……最要能做到工农群众都能了解,能普遍散发到成千成万的工农群众中去。"②1930年,《共产国际东方部关于中国农民问题决议案》中提出:"为着更进一步的夺取在反动统治之下的乡村中的广大农民群众,党应当设法组织各种群众的团体。……可以组织各种农民群众组织,例如:俱乐部,游戏班,青年男女农民识字班,采伐薪木队及为农村女孩所设的缝纫班等等。"③

但是,在土地革命战争时期,党虽然对文艺工作的重要意义有所认识,但面向工农兵的文艺工作并没有开展起来,或者说开展得不好,这其中既有客观原因,也有主观原因。毛泽东后来曾说:"那个时候,我们根据

---

① 中央档案馆编:《中共中央文件选集》第4册,中共中央党校出版社1989年版,第619页。
② 中央档案馆编:《中共中央文件选集》第5册,中共中央党校出版社1989年版,第267页。
③ 中央档案馆编:《中共中央文件选集》第6册,中共中央党校出版社1989年版,第627页。

地与广大的知识分子隔绝了,与中心城市的人隔绝了,在知识分子问题上又犯过错误,轻视知识分子,认为知识分子似乎没有好多用处,要是不犯这些错误,情况也许会好一些。"[1]所以,1937年到达延安后,毛泽东和党中央非常重视文艺工作,曾发起数次较大规模的群众性写作运动,如1936年在部队中发动关于《长征记》的写作运动;1938年发动群众广泛参与《五月的延安》写作运动;还有各种"一日体",如《苏区一日》《冀中一日》等报告文学。其积极影响就如周扬在中华全国文学艺术工作者代表大会关于解放区文艺运动的报告中指出的那样:"在解放区,文艺的面貌,文艺工作者的面貌,有了根本的改变。这是真正新的人民的文艺。文艺与广大群众的关系也根本改变了。"[2]

因此,毛泽东在《讲话》一开始就说道:"在我们为中国人民解放的斗争中,有各种的战线,其中也可以说有文武两个战线,这就是文化战线和军事战线。"但是,没有同工农兵群众血肉相连的情感,就不会有态度和立场的真正转变。

在《讲话》的引言中,毛泽东就结合自己的亲身经

---

[1]《毛泽东文集》第2卷,人民出版社1993年版,第424页。
[2]《周扬文集》第1卷,人民文学出版社1984年版,第512页。

历坦诚地说道:"在这里,我可以说一说我自己感情变化的经验。我是个学生出身的人,在学校养成了一种学生习惯,在一大群肩不能挑手不能提的学生面前做一点劳动的事,比如自己挑行李吧,也觉得不像样子。那时,我觉得世界上干净的人只有知识分子,工人农民总是比较脏的。知识分子的衣服,别人的我可以穿,以为是干净的;工人农民的衣服,我就不愿意穿,以为是脏的。革命了,同工人农民和革命军的战士在一起了,我逐渐熟悉他们,他们也逐渐熟悉了我。这时,只是在这时,我才根本地改变了资产阶级学校所教给我的那种资产阶级的和小资产阶级的感情。"这种情感的转变是有其特定时代背景的。当时大多数知识分子都出身于小资产阶级或地主阶级,因为在当时的中国只有这样的阶级才有条件让子女接受教育,接触到广阔的世界,阅读到进步的书籍,从而对底层民众产生深厚的同情,对一个自由平等的、没有人剥削人和人压迫人的社会充满了憧憬。所以,鲁迅在"左联"成立之初说道:"不要排斥革命的小资产阶级作家的作品。""在现在中国这样的社会中,最容易希望出现的,是反叛的小资产阶级的反抗的,或暴露的作品。"[①] 毛泽东的这段有关自己对劳动者

---

① 《鲁迅全集》第 4 卷,人民出版社 2005 年版,第 307 页。

的情感和态度的转变经验,可以说是当时进步知识分子思想历程的典型反映。1919年李大钊在一篇名为《光明与黑暗》的短文中写了这样一个故事:

听说北京有位美术家,每日早晨,登城眺望,到了晌午以后,就闭户不出了。人问他什么缘故,他说早晨看见的,不是担菜进城的劳动者,便是携书入校的小学生。就是那推粪的工人,也有一种清白的趣味,可以掩住那粪溺的污秽。因为他们的活动,都是人的活动。他们的生活,都是人的生活。他们大概都是生产者,都能靠着工作发挥人生之美。到了午间,那些不生产只消费的恶魔们、强盗们,一个个都出现了。你驾着呜呜的汽车,他带着凶赳赳的侍卫,就把人世界变成鬼世界了。这也是光明与黑暗两界的区分。[①]

李大钊以这位美术家对劳动者、生产者的赞美和对不生产只消费的恶魔们、强盗们的憎恶,来说明当时进步知识分子的情感态度的转变,进而区分光明与黑暗。这使我们可以更充分地理解毛泽东感情变化的经验,更深刻地领会他对文艺工作者同工农兵群众相结合的高度重视。

---

① 中国李大钊研究会编注:《李大钊文集》第2卷,人民出版社1999年版,第294页。

第三节　文艺工作的对象问题

文艺工作的对象问题是引言中提出的第三个问题,在结语的第一个大问题"我们的文艺是为什么人的"中又有论述。照理说,这个问题已经是很清楚的了,我们的文艺就是为人民服务的,在当时就是为工农兵群众服务的,具体而言就是为工人、农民、兵士和城市小资产阶级这四种人,他们分别是革命的领导阶级、革命的最广大最坚决的同盟军、革命战争的主力和长期合作的同盟者。那为什么毛泽东要在《讲话》中反复强调这个问题呢?

这是因为事实上当时很多文艺工作者并没有在实际生活和创作中做到这一点。究其原因,从地域而言,根据地的文艺工作对象和国统区不同;从时间而言,抗战之后革命文艺的对象也发生了变化。在引言中,毛泽东就明确讲道:"在陕甘宁边区,在华北华中各抗日根据地,这个问题和在国民党统治区不同,和在抗战以前的上海更不同"。抗战之后根据地革命文艺的对象具体而言,就是"各种干部,部队的战士,工厂的工人,农村的农民,他们识了字,就要看书、看报,不识字的,也要看戏、看画、唱歌、听音乐,他们就是我们文艺作品的接受者"。尤其是来自全国各地并且还要再到全国各地去工作的这些干部,接受革命文艺作品的教育和陶养,意义尤为重要。

在结语的第一个问题中,毛泽东特别强调文艺为工农兵群众服务不能停留在理论上,在口头上,而要落实"在实际上,在行动上"。为什么人的问题没有解决,或者说还没有明确解决,"这不光是讲初来延安不久的人,就是到过前方,在根据地、八路军、新四军做过几年工作的人,也有许多是没有彻底解决的"。毛泽东的研判应当说是十分准确的,所以《讲话》中包括这一问题在内的诸多观点都一语中的。五四运动以后,先进的知识分子和有社会责任感的艺术家们大都把关切的目光投向了底层大众,文学艺术作品中的人物形象从北平街头的人力车夫、上海街头的失业者到东北流亡关内的民众,人民的苦难生活被形象地刻画出来。如台湾学者何怀硕所言,"几乎所有第一流的近代中国画家,他们最重要的一部分作品都饱含了'苦涩的美感'"[1]。在民族危机日益深重的时代,文艺工作者以笔墨丹青为启蒙与救亡而呐喊,显然是一种道义所向与使命所为,因此占全人口

---

[1] 何怀硕:《大师的心灵》,百花文艺出版社2008年版,绪说,第14页。

百分之九十以上的最广大群众也自然成为中国共产党领导的革命文艺的对象。所以,毛泽东讲道:"无论高级的或初级的,我们的文学艺术都是为人民大众的,首先是为工农兵的,为工农兵而创作,为工农兵所利用的"。

如此明确了文艺工作者的立场问题、态度问题、工作对象问题之后,接下来就是文艺工作者工作和学习的问题。用毛泽东的话说,就是"为什么人服务的问题解决了,接着的问题就是如何去服务"。

第三章

文艺如何为人民服务

"文艺如何为人民服务"是结论中的第二个大问题,也是引言中的第四个、第五个问题,即文艺工作者的"工作问题和学习问题"。毛泽东讲得很清楚:"既然文艺工作的对象是工农兵及其干部,就发生一个了解他们熟悉他们的问题。"只有了解、熟悉和热爱人民,才能够"使自己的作品为群众所欢迎"。为此,引言中还讲到"最后一个问题是学习",而且这里的学习是确指"学习马克思列宁主义和学习社会"。这两个问题合起来就是如何去服务人民的问题。这个问题再具体来说,就是文艺工作者应当"努力于提高呢,还是努力于普及呢?"在这里,毛泽东雄辩而清晰地阐明了提高和普及的辩证统一关系,也就是"怎样为工农兵的基本方针问题"。

第一节　要了解、熟悉和热爱人民

要把文艺为人民服务落实"在实际上，在行动上"而不是"在理论上，或者说在口头上"，那么首先就必须了解、熟悉和热爱人民。在引言中，毛泽东就非常明确地指出："我们的文艺工作者需要做自己的文艺工作，但是这个了解人熟悉人的工作却是第一位的工作。"但文艺工作者以前是一种什么情形呢？是"同自己的描写对象和作品接受者不熟，或者简直生疏得很"，而且不懂"人民群众的丰富的生动的语言"。

针对这样的问题，毛泽东提出"要在党政机关，在农村，在工厂，在八路军新四军里面，了解各种人，熟悉各种人，了解各种事情，熟悉各种事情"。毛泽东之所以将了解熟悉工农兵群众作为文艺工作者"第一位的工作"，在于他对延安文艺界存在的种种问题十分清楚，对于产生这些问题的症结研判得非常准确："我们的文艺工作者不熟悉工人，不熟悉农民，不熟悉士兵，也不熟悉他们的干部。""许多文艺工作者由于自己脱离群众、生活空虚，当然也就不熟悉人民的语言，因此他们的作品不但显得语言无味，而且里面常常夹着一些生造出来的和人民的语言相对立的不三不四的词句。"这样的文艺作品显然背离了为人民服务的原则和方向。然后他讲到当时很多人爱说"大众化",但实际上对"大众化"的内涵并不清楚。

那究竟什么叫作大众化呢？毛泽东明确讲道："就是我们的文艺工作者的思想感情和工农兵大众的思想感情打成一片。而要打成一片,就应当认真学习群众的语言。如果连群众的语言都有许多不懂,还讲什么文艺创造呢？"毛泽东的这番话不是在讲大道理,而是在摆事实、谈经验。翻开毛泽东的文章,我们可以直观地感受到他那朴实而生动的鲜明语言风格,绝对不会读到晦涩玄奥的句段。比如写于1930年的《反对本本主义》一文,开篇写道："许多的同志都成天地闭着眼睛在那里瞎说,这是共产党员的耻辱,岂有共产党员而可以闭着眼睛瞎说一顿的吗？要不得！要不得！注重调查！反对瞎说！"[1]可谓是简洁明晰,生动鲜活,立场鲜明,掷地有声！他还特别擅长打比方："调查就像'十月怀胎',解决问题就像'一朝分娩'。调查就是解决问题。"这就把调查工作的重要意义讲得十分透彻了！所以最后得出"中国革命斗争的胜利要靠中国同志了解中国情况"的

---

[1]《毛泽东选集》第1卷,人民出版社1991年版,第109页。

第三章 文艺如何为人民服务

科学论断,令人信服!

但对知识分子尤其是出身于城市小资产阶级家庭的知识分子来说,在那艰苦的年代里,要和文化程度不高甚至没有什么文化的工农兵群众打成一片,建立起情感,就必然如毛泽东所言得下决心,经过长期的甚至是痛苦的磨炼。所以,毛泽东以自己情感变化的经历进一步阐明了这个问题的重要性和艰巨性。只有当自己的思想感情起了变化,阶级立场发生了转变,才会真正觉得"最干净的还是工人农民,尽管他们手是黑的,脚上有牛屎,还是比资产阶级和小资产阶级知识分子都干净"。这一点,我们从鲁迅先生写于1919年的短文《一件小事》中可以看到,从那时起中国先进知识分子对劳动人民的思想感情开始发生的变化。到延安时期自然也是如此,文艺工作者只有真正了解了工农兵群众的生产生活,熟悉和掌握了他们的语言,自己的思想感情才会发生变化。"没有这个变化,没有这个改造,什么事情都是做不好的,都是格格不入的。"以当时的鲁艺为例,鲁艺校址周边都是农村,但座谈会之前是"关起门来搞提高",文艺工作者们除了向农民购买青菜时说几句话之外,几乎从来没有交流。陆定一后来回忆说:"不是不革命,不是不愿大众化,但他们的情调和风味,却与周围农村的环境格格不入。"①

为什么了解、熟悉和热爱人民是文艺工作者的首要工作？因为人民生活"是一切文学艺术的取之不尽、用之不竭的唯一的源泉"。所以，引言中最后一个问题是文艺工作者的学习问题，在结语中是作为"如何去服务"的问题提出来的。如何去服务呢？毛泽东充满激情地讲道："中国的革命的文学家艺术家，有出息的文学家艺术家，必须到群众中去，必须长期地无条件地全心全意地到工农兵群众中去，到火热的斗争中去，到唯一的最广大最丰富的源泉中去，观察、体验、研究、分析一切人，一切阶级，一切群众，一切生动的生活形式和斗争形式，一切文学和艺术的原始材料，然后才有可能进入创作过程。"

在《讲话》之后的第五天即 1942 年 5 月 28 日的中央学习组会上的报告中，毛泽东再次阐明了召开文艺座谈会的目的，强调需要解决的问题就是文艺工作者和工农兵群众相结合："党中央关于知识分子的决定已经有了，但是对于文学艺术工作，我们还没有一个统一的很好的决定。现在我们准备作这样一个决定，所以我们召

---

① 《延安文艺丛书》编委会编：《延安文艺丛书》第 1 卷，湖南人民出版社 1984 年版，第 170 页。

集了三次座谈会,有一百多同志到了,有党内的,也有党外的。这次会开得还算好,其目的就是要解决刚才讲的相结合的问题,即文学家、艺术家、文艺工作者和我们党的干部相结合,和工人农民相结合,以及和军队官兵相结合的问题。"[1]由此我们就可以更准确地把握《讲话》的核心观点,更深刻地理解文艺工作者了解、熟悉和热爱人民的重要意义。

---

[1]《毛泽东文集》第2卷,人民出版社1993年版,第425页。

第二节　学习马克思列宁主义和社会

引言中谈到的最后一个问题是学习，而且毛泽东明确讲到他的意思"是说学习马克思列宁主义和学习社会"。他旗帜鲜明地提出："一个自命为马克思主义的革命作家，尤其是党员作家，必须有马克思列宁主义的知识。"这显然是抓住了问题的实质。当时延安文艺界很多问题的根源就在于一些文艺工作者不是以马克思主义的立场、观点和方法来认识和理解文艺的，甚至可以说是对马克思主义的基本观点都不甚了解，比如毛泽东谈到的"马克思主义的一个基本观点，就是存在决定意识，就是阶级斗争和民族斗争的客观现实决定我们的思想感情"。所以，他强调文艺工作者要"虚心地学习马克思列宁主义"，同时还要认真学习社会，"要研究社会上的各个阶级，研究它们的相互关系和各自状况，研究它们的面貌和它们的心理。只有把这些弄清楚了，我们的文艺才能有丰富的内容和正确的方向"。客观而言，在当时学习马克思列宁主义，的确是一件非常急迫但又不容易做到的事情，因为一方面由于时代条件所限，马克思主义经典著作的翻译出版还不是特别全面，毛泽东回忆自己当年使他"树立起对马克思主义的信仰"的，主要是陈望道译的《共产党宣言》、考茨基著的《阶级斗争》和柯卡普著的《社会主义史》这三本书。①另一方面，由于民族救亡的急迫与革命形势需要，文艺工作者们在书斋里潜心研读马列经典的时间和精力相对来说也比较有限。所以，学习掌握马克思列宁主义知识的任务，在当时就显得非常重要。

在结论中，毛泽东对文艺源流问题作了充分的阐释，以说明学习马克思列宁主义和社会对于文艺工作者的重要意义。"一切种类的文学艺术的源泉究竟是从何而来的呢？"毛泽东按照马克思主义文艺理论十分明确地指出："作为观念形态的文艺作品，都是一定的社会生活在人类头脑中的反映的产物。"他进一步分析说："人民生活中本来存在着文学艺术原料的矿藏，这是自然形态的东西，是粗糙的东西，但也是最生动、最丰富、最基本的东西；在这点上说，它们使一切文学艺术相形见绌，它们是一切文学艺术的取之不尽、用之不竭的唯一的源泉。"并特别强调地指出："这是唯一的源泉，因为只能有这样的源泉，此外不能有第二个源泉。"

---

① 吴黎平整理：《毛泽东一九三六年同斯诺的谈话》，人民出版社1979年版，第39页。

那么，书本上的、古代的和外国的过去的文艺作品，是不是源泉呢？答案非常明确，这不是源而是流，"是古人和外国人根据他们彼时彼地所得到的人民生活中的文学艺术原料创造出来的东西"。对此的态度应该是"继承一切优秀的文学艺术遗产，批判地吸收其中一切有益的东西"。但是，"继承和借鉴决不可以变成替代自己的创造"，硬搬和模仿是最没有出息的教条主义。

从马克思主义文艺理论来看，任何时代的文学艺术作品，都是文学家、艺术家所处时代的政治活动、经济往来、生活习俗、社会风尚等时代状况的反映，因此不同时代的人间沧桑、民族兴衰、时代变迁等，能够通过世代相传的文艺作品得到感性直观的生动展现。文艺作品不同于历史著作的事件叙述，而是以带有艺术家生命情感体验和价值观念判断的丰富形象来表现历史与文明，这就不仅可以让人们充分认识和领略人类生产生活中的奋斗创造，也有助于人们认识社会的本质和事物发展的规律，所以不少传世文艺经典被称为"史诗"。

在《讲话》中，毛泽东还揭示了经典文艺作品为人民群众所需要、所欢迎的原因："人类的社会生活虽是文学艺术的唯一源泉，虽是较之后者有不可比拟的生动丰富的内容，但是人民还是不满足于前者而要求后者。这是为什么呢？因为虽然两者都是美，但是文艺作品中

第三章　文艺如何为人民服务

反映出来的生活却可以而且应该比普通的实际生活更高，更强烈，更有集中性，更典型，更理想，因此就更带普遍性"。这就进一步阐明文艺工作者在了解、熟悉和热爱人民的基础上"学习马克思列宁主义和社会"的深层意义之所在，就是能够通过自己的文艺创作，以典型的人物、凝练的故事和生动的场景，来概括地反映时代本质，用毛泽东的话说就是要"把这种日常的现象集中起来，把其中的矛盾和斗争典型化，造成文学作品或艺术作品，就能使人民群众惊醒起来，感奋起来，推动人民群众走向团结和斗争，实行改造自己的环境"。应当说，至此毛泽东已经全面而深刻地阐明了文艺工作者为何和如何"学习马克思列宁主义和社会"这个问题，完整地揭示了"人民生活中的文学艺术的原料，经过革命作家的创造性的劳动而形成观念形态上的为人民大众的文学艺术"的内在学理性。

第三节　普及与提高问题的辩证关系

"普及"与"提高"的问题,是结论中重点谈到的第二个问题,是"文艺工作者如何为人民服务"的更具体、更展开也更有针对性的讨论。这也是《讲话》中具有重大理论意义和深刻现实意义的一个重点问题。

毛泽东开门见山地提出问题所在:"有些同志,在过去,是相当地或是严重地轻视了和忽视了普及,他们不适当地太强调了提高。提高是应该强调的,但是片面地孤立地强调提高,强调到不适当的程度,那就错了。"错在哪里?错在没有弄清楚革命的文艺要为什么人服务,因而"普及和提高就都没有正确的标准,当然更找不到两者的正确关系"。现在既然弄清楚了我们的文艺是要为工农兵群众服务的,那无论是"普及"还是"提高",都是面向工农兵群众的。这其中的逻辑关系因此就十分分明了,那就是"只有用工农兵自己所需要、所便于接受的东西"才能进行普及工作;而且也只有从工农兵群众的基础上并且沿着工农兵自己前进的方向去提高。

即是说"只有从工农兵出发,我们对于普及和提高才能有正确的了解,也才能找到普及和提高的正确关系"。什么样的"正确关系"?如果真正和工农兵群众打成一片,了解他们的工作生活、熟悉他们的语言特点,并在思想感情上发生了根本性的转变,那么,对于"普及"与"提高"在当下的轻重缓急就能够了然于心了。毛泽东是这样讲的:"现在工农兵面前的问题,是他们正在和敌人作残酷的流血斗争,而他们由于长时期的封建阶级和资产阶级的统治,不识字,无文化,所以他们迫切要求一个普遍的启蒙运动,迫切要求得到他们所急需的和容易接受的文化知识和文艺作品,去提高他们的斗争热情和胜利信心,加强他们的团结,便于他们同心同德地去和敌人作斗争。对于他们,第一步需要还不是'锦上添花',而是'雪中送炭'。所以在目前条件下,普及工作的任务更为迫切。"这无疑是符合当时解放区工农兵群众的实际情况、符合中国革命形势发展需要的科学论断。

以戏剧为例,在当时的延安有一段时间出现"大戏"热。"大戏"指的是一些形式复杂、演技难度大、鉴赏要求高的戏剧,因而逐渐倾向于国外名剧,从而忽视了真实反映人民现实生活的戏剧创作,演出剧种比例失调,形成脱离实际、争演"大戏"的不良风气。1941年张庚在《剧运的一些成绩和几个问题》一文中写道:

"首先就可能不是建筑在老百姓的'低'之上,而是建筑在别的什么上面,或者干脆不建筑在任何东西上面,只是悬在空中的。于是乎在这里提高工作也就自然会和通俗工作脱离关系。如果根本不去省察今天通俗工作需要如何去提高,自然也就不了解实情,最后也就不免于对现实有些茫然,落得闭门冥想,自得其乐了。"[1] 1942年4月,程中在《所望于延安剧运的》一文中指出,尽管从1940年起,像《雷雨》《蜕变》《钦差大臣》《伪君子》等中外名剧对提高戏剧界的行业水平和丰富延安军民的文艺生活都有积极作用,但又片面地"只顾到争先介绍外间富有艺术价值的名剧。这些名剧所反映的内容,大多因为时代和地点的关系,同我们的现实生活较为疏远"[2]。可见这一问题的突出。

毛泽东在《讲话》中对这一问题深刻的剖析和雄辩的论述并没有就此打住,他进一步阐明了"普及"与"提高"动态的、发展的辩证关系。概言之,就是要以"提高"来指导"普及",然后随着工农兵群众文化素质和审美素养的提升,在"普及"的基础上不断提高。他生动形象地讲道:"普及工作若是永远停止在一个水

---

[1]《张庚文录》第1卷,湖南文艺出版社2003年版,第290—291页。
[2] 艾克恩主编:《延安文艺史》上,河北教育出版社2009年版,第233页。

平上，一月两月三月，一年两年三年，总是一样的货色，一样的'小放牛'，一样的'人、手、口、刀、牛、羊'，那末，教育者和被教育者岂不都是半斤八两？这种普及工作还有什么意义呢？"毛泽东在这里举例的"小放牛"，是一种传统的小歌舞剧。全剧只有一个牧童和一个乡村小姑娘两个角色相互对唱。在抗日战争初期，文艺工作者以这种形式，表演唱抗日内容，很受欢迎。"人、手、口、刀、牛、羊"则是当时初级识字课本中一开始学习的几个简单的汉字。

在讲清楚文艺工作中"普及"与"提高"的辩证统一关系之后，毛泽东认为如此一来，"专门家和普及工作者的关系问题也就可以随着解决了"。这一点，对于当下新时代的艺术教育和美育之间关系问题的正确认识把握，也非常有启发意义。毛泽东非常明确地讲到文学、戏剧、音乐、美术领域的"专门家"应该注意群众的墙报歌唱与美术、军队和农村的通讯文学与小剧团等，为的是"一方面帮助他们，指导他们，一方面又向他们学习，从他们吸收由群众中来的养料，把自己充实起来，丰富起来，使自己的专门不致成为脱离群众、脱离实际、毫无内容、毫无生气的空中楼阁"。毛泽东在这里所说的"专门家"就是指专业艺术工作者。我们知道参加延安文艺座谈会的120多人中，仅鲁迅艺术文学院的文艺工作者就有47人之多。这些文艺工作者其中一些是从上海等国统区来到延安的，已经是很有成就和名气的作家、音乐家、戏剧家和画家，要真心实意地"在实际上，在行动上"来帮助、指导那些"手是黑的，脚上有牛屎"的工农兵群众普及与提高文化艺术素养，并且先做他们的学生再做他们的先生，的确不失为一场思想情感的洗礼。所以，毛泽东也谆谆告诫道："如果把自己看作群众的主人，看作高踞于'下等人'头上的贵族，那末，不管他们有多大的才能，也是群众所不需要的，他们的工作是没有前途的。"今天我们重温这一番话，仍然会觉得既语重心长，又振聋发聩。

第四章

文艺的导向性问题

任何文艺作品都必然在其人物形象、故事情节、时代场景中或隐或现地体现出作家、艺术家的立场观点、思想情感及其对现实社会的价值评判。因此,任何文艺作品都必然带有特定的政治导向性和思想倾向性。所以,人们评判文艺作品,时常会把思想性与艺术性的统一作为重要标准,把对人们思想的启迪与引领、情感的激发与陶养等作为优秀作品的价值体现。因此,"文艺批评有两个标准,一个是政治标准,一个是艺术标准"。所以,在文艺为什么人服务和如何去服务这两个根本性的问题解决了之后,还必须讲清楚文艺与政治的关系、文艺批评的标准等问题。所以,毛泽东就党的文艺工作和整个工作的关系、党的文艺工作和非党的文艺工作的关系进行了充分的阐述,然后在此基础上分析了文艺界存在的一些糊涂观念及其思想根源问题。这些观点集中体现在《讲话》结论部分的第三点、第四点和第五点内容中。

第一节　文艺与政治的关系

文艺的导向性问题，其实主要就是如何正确处理文艺与政治的关系问题。具体而言，就是毛泽东讲到的党的文艺工作和党的整个工作的关系、党的文艺工作和非党的文艺工作的关系这两方面的问题。

从历史上看，文艺和政治是密不可分的关系。《论语》中讲道："诗可以兴，可以观，可以群，可以怨"，孔子揭示的诗歌所具有的感发情志、观察天地、和谐人伦、抒发郁愤的作用，对于社会治理而言无疑都是具有积极意义的。《诗经》中的很多内容本来就是周朝所设采诗官深入民间了解民声的成果。《毛诗序》对《诗经》的伦理教化作用讲得更为充分："故正得失，动天地，感鬼神，莫近于诗。先王以是经夫妇，成孝敬，厚人伦，美教化，移风俗。"唐代张彦远在其《历代名画记》开篇就写道："夫画者，成教化，助人伦，穷神变，测幽微，与六籍同功。"说的也是绘画所具有的政治作用和社会意义。还有中国传统戏曲也特别强调其"高台教化"作用，因而其中充满赞颂忠臣良将、贤人义士、孝子烈妇等教人尊崇仁义礼智信的故事。

从马克思主义文艺观来看,优秀文艺作品因其对时代生活的典型描绘和就人生意义和人类理想等问题作出的发人深思、令人感奋的回答,使之必然深刻影响着人们的政治立场、价值观念等。比如被马克思誉为"俄国的伟大学者和批评家"的车尔尼雪夫斯基创作于狱中的小说《怎么办?》,就以昂扬的激情和明朗的笔调描绘新思想新生活,激励着人们去成为具有这样的新思想的新人。列宁赞叹地评价道:"这才是真正的文学,这种文学能教导人,引导人,鼓舞人。我在一个夏天里把'怎么办?'读了五遍,每一次都在这个作品里发现一些新的令人激动的思想。""在它的影响下成千成百的人变成了革命家……只是在这个时候,我才懂得了它那深刻的内容。这部小说能使人整个的生命都充满活力……"[1]再比如 1931 年"九一八"事变后,在中国人民奋起抵抗日本帝国主义侵略的时代浪潮中,李桦于 1935 年创作了《怒吼吧!中国》这幅只有 23 厘米 ×16 厘米的单色木刻版画,那看似简单的线条中充盈着"力拔山兮气盖世"的喷薄激情,给人以血脉偾张的力量感,即使在今天看来仍令人有一种要为中华民族奋起抗争的热血沸腾

---

[1] [苏联]尼·伊·克鲁奇科娃编:《列宁论文学与艺术》第 2 册,人民文学出版社 1960 年版,第 30、897 页。

之感；还有1939年光未然作词、冼星海作曲的《黄河大合唱》组歌，歌词和旋律中那炽热的民族情感、昂扬的民族精神，让人在黄河奔腾的壮阔场景和磅礴气势中生发出万丈豪情。这是文艺力量的鲜明体现，也是文艺的政治导向性的典型写照。

作为马克思主义政党，中国共产党特别重视文艺的政治功能。早在1916年李大钊为《晨钟报》创刊而写的题为《〈晨钟〉之使命——青春中华之创造》的发刊词中就写道："由来新文明之诞生，必有新文艺为之先声。"[1] 在1927年至1937年期间，左翼社会科学工作者翻译出版的马克思、恩格斯、列宁、斯大林等人的著作高达113种，并在20世纪20年代末期就完成了《资本论》(第1卷)、《反杜林论》、《政治经济学批判》等著作的中文全译本。[2] 为广大的党员和人民群众正确理解马克思主义提供了重要的读本，激励更多的有志之士积极投身革命。在新闻出版方面，到1934年1月，中央根据地已有大小报刊34种，其中《红色中华》的发行最多时达4万余份，《青年实话》报发行2.8万余份，《斗

---

[1] 中国李大钊研究会编注：《李大钊文集》第1卷，人民出版社1999年版，第170页。
[2] 中共中央党史研究室：《中国共产党历史》第1卷，中共党史出版社2010年版，第337页。

争》杂志发行最多时达 2.7 万余份,《红星》报发行最多时达 1.73 万份。[①] 这些报刊使人们了解到时事形势,感受到革命事迹的鼓舞,对抗日民族统一战线的形成发挥了积极作用。

1938年2月,毛泽东领衔的延安鲁艺的《创立缘起》中写道:"艺术——戏剧、音乐、美术等是宣传鼓动与组织群众有力的武器。艺术工作者——这是对于目前抗战不可缺少的力量。因之培养抗战的艺术工作干部,在目前也是不容稍缓的工作"[②]。在《讲话》中,毛泽东旗帜鲜明地讲道:"文艺是从属于政治的,但又反转来给予伟大的影响于政治。革命文艺是整个革命事业的一部分,是齿轮和螺丝钉,和别的更重要的部分比较起来,自然有轻重缓急第一第二之分,但它是对于整个机器不可缺少的齿轮和螺丝钉,对于整个革命事业不可缺少的一部分"。"齿轮和螺丝钉"的比喻最早见于列宁的《党的组织和党的出版物》一文:"写作事业应当成为整个无产阶级事业的一部分,成为由整个工人阶级的整个觉悟的先锋队所开动的一部巨大的社会民主主义机

[①] 中共中央党史研究室:《中国共产党历史》第1卷,中共党史出版社2010年版,第332页。
[②] 《延安文艺丛书》编委会编:《延安文艺丛书》第16卷,湖南人民出版社1984年版,第639页。

器的'齿轮和螺丝钉'。"[1]这也说明毛泽东在座谈会之前的革命文艺理论准备之充分。在这里,毛泽东还特别强调说明了"我们所说的文艺服从于政治,这政治是指阶级的政治、群众的政治,不是所谓少数政治家的政治"。然后进一步阐明了无产阶级政治家和资产阶级政治家最根本的不同:"革命的政治家们,懂得革命的政治科学或政治艺术的政治专门家们,他们只是千千万万的群众政治家的领袖,他们的任务在于把群众政治家的意见集中起来,加以提炼,再使之回到群众中去,为群众所接受,所实践,而不是闭门造车,自作聪明,只此一家,别无分店的那种贵族式的所谓'政治家',——这是无产阶级政治家同腐朽了的资产阶级政治家的原则区别。"如此,为"群众的政治"也就和"为工农兵服务"的倡导呼应和一致起来,文艺与政治的关系特别是革命的文艺与群众的政治之间的关系也就得到了充分的说明。

文艺为政治服务、为群众的政治服务这一问题解决了,那么,当时"中国政治的第一个根本问题"是什么呢?那就是抗击日本帝国主义的侵略,争取中华民族的独立解放。所以,这就还存在一个党内文艺工作者与党外文艺工作者的关系问题。也就是说,要团结联系"从

---

[1]《列宁全集》第12卷,人民出版社2017年版,第93页。

党的同情分子、小资产阶级的文艺家到一切赞成抗日的资产阶级地主阶级的文艺家"，建立文艺界最广泛的统一战线，包括在艺术方法艺术作风上意见不同的文艺工作者，特别是对于作为"一个重要的力量"的小资产阶级文艺家，因为尽管"他们的思想和作品都有很多缺点，但是他们比较地倾向于革命，比较地接近于劳动人民。因此，帮助他们克服缺点，争取他们到为劳动人民服务的战线上来，是一个特别重要的任务"。这充分体现出毛泽东在民族大义面前的胸襟和远见。

第二节　文艺批评的两个标准

既然文艺与政治的关系讲清楚了，毛泽东便进一步提出："文艺批评有两个标准，一个是政治标准，一个是艺术标准。"这其中的逻辑可谓是环环相扣。然后他首先辩证地论述了政治标准和艺术标准，继而对二者的关系进行了阐释。这个问题的提出同样是有其现实针对性的。1941年8月，萧军在《第八次文艺月会座谈拾零》一文中批评了部分文艺作品，随后中央研究院文艺研究室的雪苇发文表达不同意见。双方围绕文艺批评的好坏标准、艺术标准、立场态度等展开争论。这种情况在延安文艺界时有发生。仅1942年三四月间，《解放日报》平均每三天就会刊登一篇文艺批评文章，如萧军的《〈铸剑〉篇一解》、何其芳的《为孩子们工作》、江华的《"含混"和"明确"》等。这种具有广泛性、多样性和民主性的文艺批评推动了延安文艺的发展，但也为文艺工作者的创作带来许多困惑，所以十分有必要明确文艺批评的标准问题。

在前面的讲话中，毛泽东已经明确讲到当时"中国政治的第一个根本问题"是全民族的抗日，所以这里他掷地有声地说道:"按照政治标准来说,一切利于抗日和团结的,鼓励群众同心同德的,反对倒退、促成进步的东西,便都是好的;而一切不利于抗日和团结的,鼓动群众离心离德的,反对进步、拉着人们倒退的东西,便都是坏的。"这个好坏之分可以说是十分分明也十分令人信服。然后他像剥洋葱似的又深入一层说道:"这里所说的好坏,究竟是看动机(主观愿望),还是看效果(社会实践)呢?"这个问题提得真是一针见血!随之他不容置疑地给出了鲜明有力的回答:"我们是辩证唯物主义的动机和效果的统一论者。为大众的动机和被大众欢迎的效果,是分不开的,必须使二者统一起来。"这一斩钉截铁的论断,无论是对强调动机否认效果的唯心论者来说,还是对强调效果否认动机的机械唯物论者而言,恐怕都是一种如雷贯耳的洪钟大吕之声!事实诚然如此,如果文艺创作是为了个人的名利或者狭隘集团的利益,肯定不是人民的文艺、进步的文艺。当然,仅有为人民大众的良好动机却创作不出受大众欢迎、对大众有益的作品,也就是没有什么效果,自然也是不好的。这就涉及文艺批评的艺术标准问题。

"按着艺术标准来说,一切艺术性较高的,是好的,或较好的;艺术性较低的,则是坏的,或较坏的。"毛泽东同样用二分法旗帜鲜明地提出了好坏的标准，但他也同样用辩证的观点提出，艺术性高低的分别，也要看社会效果。因为从主观而言，对于文艺工作者个人来说，都会觉得自己的作品很美，很有艺术性。所以，毛泽东提出首先"应该容许各种各色艺术品的自由竞争"，这自然是符合文艺实际和艺术规律的。正是在这一思想基础上，1951年毛泽东就全部继承还是全部取消京剧问题作出"百花齐放，推陈出新"的批示；1956年又提出"百花齐放，百家争鸣"的文艺方针，极大地促进了新中国文学艺术事业的繁荣发展。不过，在这里他也同时明确讲道："但是按照艺术科学的标准给以正确的批判，使较低级的艺术逐渐提升成为较高级的艺术，使不适合广大群众斗争要求的艺术改变到适合广大群众斗争要求的艺术，也是完全必要的。"这其中提出一个"艺术科学的标准"问题，就需要文艺评论工作者认真研究并准确掌握这一标准，从而对"较低级"的艺术和"较高级"的艺术有一个正确的、科学的评判；同时既然我们的文艺是为人民服务的，就还需要让广大群众来评判是否适合他们的斗争要求，也就是是否能够受到他们的欢迎。

"又是政治标准，又是艺术标准，这两者的关系怎么样呢？"这种剥茧抽丝式的层层展开问题的方式，既充满严密的逻辑性，又具有雄辩的说服力。在这个问题上，毛泽东首先把政治标准放在了第一位："任何阶级社会中的任何阶级，总是以政治标准放在第一位，以艺术标准放在第二位的。"在当时全民族抗日的大势中，这个论断无疑是符合民族救亡的时代要求的。如果是政治上不正确、不利于团结发动最广大的人民群众的文艺作品，即使具有一定的艺术性，也自然应该坚决反对。而且，如毛泽东所言："内容愈反动的作品而又愈带艺术性，就愈能毒害人民，就愈应该排斥。"但是，这并不能理解为艺术标准不重要。在《讲话》之后第五天的中央学习组会上，毛泽东非常明确地讲道："我们只是强调文学艺术的革命性，而不强调文学艺术的艺术性，够不够呢？那也是不够的，没有艺术性，那就不叫做文学，不叫做艺术"[①]。

至此，关于文艺批评的两个基本标准及其关系问题就十分清楚了。首先是必须坚持正确的政治标准："对于一切包含反民族、反科学、反大众和反共的观点的文艺作品必须给以严格的批判和驳斥；因为这些所谓文艺，其动机，其效果，都是破坏团结抗日的。"其次是要不断提高艺术标准："缺乏艺术性的艺术品，无论政治上怎样进步，也是没有力量的。"政治观点正确，但

---

① 《毛泽东文集》第 2 卷，人民出版社 1993 年版，第 428 页。

第四章　文艺的导向性问题

没有艺术感染力的"标语口号式"的文艺作品绝不会受到人民群众的喜爱。为此,毛泽东提出必须坚持"政治和艺术的统一,内容和形式的统一,革命的政治内容和尽可能完美的艺术形式的统一"的原则。按照这样正确的标准和原则,毛泽东对延安文艺界存在的一些糊涂观念特别是在座谈会上暴露出来的一些错误倾向,进行了针锋相对的批评。

第三节　对一些糊涂观念的批评

毛泽东认为，忽视艺术标准的倾向，只要注意艺术的提高就可以解决。"但是现在更成为问题的，我以为还是在政治方面。"一些糊涂观念的发生，就是因为有些文艺工作者"缺乏基本的政治常识"。因此，他列举出八种错误的观念加以批评驳斥，归纳起来看，主要集中在三个方面。

首先是有没有超阶级的人性和普遍的人类之爱的问题。毛泽东斩钉截铁地讲道："有没有人性这种东西？当然有的。但是只有具体的人性，没有抽象的人性。在阶级社会里就是只有带着阶级性的人性，而没有什么超阶级的人性。"1942年4月他邀请鲁艺的何其芳、严文井、周立波等几位党员教师到杨家岭交换意见时谈道："小资产阶级喜欢讲人性，讲人类爱，讲同情。比如打仗……到底是应该停下来，照顾受伤的同志，还是应该继续追击敌人呢？我们认为还是应该追击敌人，把敌人消灭，完成战斗任务以后，再回来照顾受伤的同志。这样，小资产阶级知识分子就说我们没有人性，没有人类爱,没有同情。"①

所以,毛泽东一针见血地指出,"人性论"这种说法的糊涂之处或者说"装糊涂之处"在于,以地主阶级资产阶级的人性否定人民大众的人性,实质上就是从资产阶级的个人主义出发认为无产阶级的人性不合于人性,因此是完全错误的。同样的道理,认为"文艺的基本出发点是爱,是人类之爱"的说法,也抹杀了阶级社会中的敌我情感之分:"自从人类分化成为阶级以后,就没有过这种统一的爱。"在这里,毛泽东还讲到一句至今仍被人们广泛引用的"金句",就是"世上决没有无缘无故的爱,也没有无缘无故的恨"。他对这种糊涂观念的批驳也可谓是铿锵有力:"我们不能爱敌人,不能爱社会的丑恶现象,我们的目的是消灭这些东西。这是人们的常识,难道我们的文艺工作者还有不懂得的吗?"这听起来似乎有点咄咄逼人之势,但的确令人无言以对地由衷信服。正如马克思所言:"良心是由人的知识和全部生活方式来决定的。共和党人的良心不同于保皇党人的良心,有产者的良心不同于无产者的良心,有思想的人的良心不同于没有思想的人的良心。"② 良心

---

① 艾克恩编纂:《延安文艺运动纪盛》,文化艺术出版社1987年版,第343页。
② 《马克思恩格斯全集》第6卷,人民出版社2016年版,第152页。

如此，人性如此，情感自然亦如此。

其次是关于对光明与黑暗的歌颂与暴露的问题。几种糊涂的观念分别是："从来的文艺作品都是写光明和黑暗并重，一半对一半""从来文艺的任务就在于暴露""还是杂文时代，还要鲁迅笔法""我是不歌功颂德的；歌颂光明者其作品未必伟大，刻画黑暗者其作品未必渺小"。这几种说法乍听起来似乎也有一定道理，而且就文艺功能本身而言，针砭时事、暴露黑暗不仅在古今中外皆然，而且也在道义情理之中。但是，在当时的历史条件下，这些观点具体分析起来，就绝非字面意义看起来这样简单。像文艺作品中"光明和黑暗并重，一半对一半"的说法，毛泽东就予以了坚决的否定。他列举了三种情况：许多小资产阶级作家因为并没有找到光明，就只是暴露黑暗甚至专门宣传悲观厌世；而苏联在社会主义建设时期的文学就是以写光明为主，人们工作中的缺点和反面的人物只是整个光明的陪衬，并不是"一半对一半"；还有反动时期的资产阶级文艺家颠倒光明与黑暗把革命群众写成暴徒。因此，只有真正革命的文艺家才能够正确地解决歌颂和暴露的问题，这就是"一切危害人民群众的黑暗势力必须暴露之，一切人民群众的革命斗争必须歌颂之"。

那人民大众的缺点该不该暴露呢？毛泽东明确讲

道:"这些缺点应当用人民内部的批评和自我批评来克服,而进行这种批评和自我批评也是文艺的最重要任务之一。"但是,这种批评和自我批评不应该说是什么"暴露人民"。在《讲话》之后第五天即1942年5月28日的中央学习组会上的报告中,毛泽东再次强调:"我们要求我们的同志,在军队、政府、教育、民运、党务各方面工作的同志,对文学艺术工作者,不论是低级的还是高级的,要采取欢迎的态度,恰当的态度,对他们的缺点要采取原谅的态度;而在文艺家方面,对于工农兵的缺点也是要采取原谅的态度。有缺点,不原谅是不行的,将来一定还要有问题"[1]。这一立场观点,我们在毛泽东1957年的《关于正确处理人民内部矛盾的问题》一文中能够得到更为充分的认识理解:"在我们的面前有两类社会矛盾,这就是敌我之间的矛盾和人民内部的矛盾。这是性质完全不同的两类矛盾。"[2]

至于说鲁迅先生的杂文笔法,毛泽东也明确讲道:"鲁迅处在黑暗势力统治下面,没有言论自由,所以用冷嘲热讽的杂文形式作战,鲁迅是完全正确的"。但在陕甘宁边区和敌后的各抗日根据地,文艺工作者有充分

---

[1]《毛泽东文集》第2卷,人民出版社1993年版,第431—432页。
[2]《毛泽东选集》第5卷,人民出版社1977年版,第364页。

的民主自由，完全可以大声疾呼，而不要隐晦曲折，因为我们的文艺对象是人民大众，"必须是真正站在人民的立场上，用保护人民、教育人民的满腔热情来说话"。我们可以从美国记者斯坦因的一段回忆中感受一下陕甘宁边区和敌后各抗日根据地的民主自由。他曾从延安大学校长那儿听说，学生发表意见认为"蒋介石在他的《中国之命运》这本书中所提倡的法西斯主义于中国有利"。这位校长和学生讲"中国人民的文化程度仍太低，又不了解民主政治"。斯坦因打断他的话，问道："你的意思是说蒋介石的那本书是你们学生可以得到的吗？"这位校长非常肯定地回答："当然。这本书在延安全文再版了，印数很大。随同登载了我们的一位政治理论家的一篇评论。到处都有出售，我们图书馆里也有。……我们并不害怕政治问题上的言论自由。相反，我们需要这种自由，因为它可以帮助我们阐明和普及我们的政策。"①事实上，正因为延安充满了民主自由的新气象，才成为当时千千万万历尽千难万险奔赴而去的进步青年心中的革命圣地。

所以，对于歌颂光明者与刻画黑暗者的问题，毛泽

---

① [英] 斯坦因：《红色中国的挑战》，马飞海等译，上海译文出版社1999年版，第222—223页。

东理直气壮地讲得更加犀利:"对于人民,这个人类世界历史的创造者,为什么不应该歌颂呢?"说到底,这里面还是文艺与政治的关系问题,是文艺工作者的政治立场和阶级情感问题。所以,毛泽东十分严厉地指出:"这种小资产阶级的个人主义者,当然不愿意歌颂革命人民的功德,鼓舞革命人民的斗争勇气和胜利信心。这样的人不过是革命队伍中的蠹虫,革命人民实在不需要这样的'歌者'。"

最后是关于立场与表现和学习与创作的问题。具体来说,就是这样两种观念:"不是立场问题;立场是对的,心是好的,意思是懂得的,只是表现不好,结果反而起了坏作用。""提倡学习马克思主义就是重复辩证唯物论的创作方法的错误,就要妨害创作情绪。"关于立场、表现和结果的辩证关系,也就是前文讲到的动机与效果的问题,毛泽东以生动形象的例子予以说明:"一个人做事只凭动机,不问效果,等于一个医生只顾开药方,病人吃死了多少他是不管的。又如一个党,只顾发宣言,实行不实行是不管的。"所以,他提出:"真正的好心,必须顾及效果,总结经验,研究方法,在创作上就叫做表现的手法。真正的好心,必须对于自己工作的缺点错误有完全诚意的自我批评,决心改正这些缺点错误。"这就把立场、表现和结果的辩证统一关系阐释得非常清楚了。这些充满思想光辉的真知灼见，对于时至今日还"好心办不成好事"甚至"办成了坏事"的人来说，仍值得深刻学习和反思。

至于学习马克思主义和创作方法、创作情绪之间的关系，毛泽东首先明确了学习马克思主义是要掌握马克思主义的立场、观点和方法，"是要我们用辩证唯物论和历史唯物论的观点去观察世界，观察社会，观察文学艺术，并不是要我们在文学艺术作品中写哲学讲义"。这样的马克思主义而并非教条的马克思主义怎么会"妨害创作情绪"呢？然后，毛泽东又立场分明地指出，马克思主义要破坏的而且是决定要破坏的，是那些"封建的、资产阶级的、小资产阶级的、自由主义的、个人主义的、虚无主义的、为艺术而艺术的、贵族式的、颓废的、悲观的以及其他种种非人民大众非无产阶级的创作情绪"。这些情绪自然应该破坏而且彻底地破坏。

在对这些糊涂的观念进行了一一的批驳之后，毛泽东还进一步分析产生这些糊涂观念的原因，指出一些人身上存在的唯心论、教条主义、空想、空谈、轻视实践、脱离群众等的缺点，并深刻分析了产生这些缺点的深层次思想根源问题，特别指出了那些从上海"亭子间"到革命根据地的文艺工作者，要认识到不但是经历了两种地区，而且是经历了两种社会、两个历史时代：

第四章 文艺的导向性问题

"一个是大地主大资产阶级统治的半封建半殖民地的社会,一个是无产阶级领导的革命的新民主主义的社会"。革命根据地是"中国历史几千年来空前未有的人民大众当权的时代"。所以,广大文艺工作者"必须和新的群众的时代相结合",首先是"必须彻底解决个人和群众的关系问题"。他以鲁迅先生的"横眉冷对千夫指,俯首甘为孺子牛"勉励大家,"对于无论什么凶恶的敌人我们决不屈服",但是要肯于"做无产阶级和人民大众的'牛',鞠躬尽瘁,死而后已"。

《讲话》的最后,毛泽东以其一贯的对光明未来的坚定必胜信念勉励文艺工作者们,只要大家沿着他和大家讨论阐明的中国现代文艺正确的方向努力前行,就"一定能够改造自己和自己作品的面貌,一定能够创造出许多为人民大众所热烈欢迎的优秀的作品,一定能够把革命根据地的文艺运动和全中国的文艺运动推进到一个光辉的新阶段。"

80多年后的今天,当我们溯历史的长河回望黄土高原上宝塔山下的那段峥嵘岁月,不由得为毛泽东这"三个一定"的伟大预言而感动和激励。从1942年到1949年短短的7年时间里,延安文艺在《讲话》精神的鼓舞和指导下,在文学、戏剧、音乐、美术等各领域都涌现出一大批表现人民火热生活、反映民族伟大精神的经典力作，如赵树理的《小二黑结婚》、周立波的《暴风骤雨》、丁玲的《太阳照在桑干河上》和歌剧《白毛女》、秧歌剧《兄妹开荒》、歌曲《东方红》《南泥湾》以及古元的《减租会》、彦涵的《当敌人搜山的时候》、王式廓的《改造二流子》新木刻作品等，造就了中国现代文艺民族化、大众化的一座难以逾越的高峰。历史如此雄辩地证明，一个真正为人民大众的先进政党、一种真正为人民大众的进步文艺，一定是有生命力的、有创造力的、有感召力的！因而也一定是有无限光明未来的！

第五章

文本之外的再研读

研读一篇历史文献，或者认识一位历史人物，都必须全面考察其所产生的时代环境，才能有更准确的理解与把握。尤其是对于毛泽东的《讲话》来说，80多年来的研究著述可以说数不胜数，单从文本去解读，显然远不足以获得更全面、更完整的认识。所以，在对《讲话》文本内容进行较为细致和系统的梳理之后，有必要跳出文本从延安整风运动、马克思主义中国化和中国现代文艺发展的历史进程等多重维度，对《讲话》进行整体性的思考与进一步的研读。如此就不难发现，文艺座谈会的召开和《讲话》的发表是对延安文艺界思想作风的一次全面彻底的整顿，是马克思主义文艺理论中国化的第一次伟大历史飞跃，也是中国现代文艺民族化大众化这条历史必由之路上的最重要的里程碑之一。

第一节　对延安文艺界思想作风的整顿

在《讲话》结论部分的最后一点中,毛泽东明确讲道:"文艺界中还严重地存在着作风不正的东西,同志们中间还有很多的唯心论、教条主义、空想、空谈、轻视实践、脱离群众等等的缺点,需要有一个切实的严肃的整风运动。"在引言部分的第四个问题也就是文艺工作者要了解熟悉工农兵群众的工作问题中,毛泽东也很直截了当地指出:"我们知识分子出身的文艺工作者,要使自己的作品为群众所欢迎,就得把自己的思想感情来一个变化,来一番改造。没有这个变化,没有这个改造,什么事情都是做不好的,都是格格不入的。"由此可见,无论是从会议召开的时间节点而言,还是从要解决的问题来看,或者从会议特别是《讲话》的实际效果来看,延安文艺座谈会的实质就是对延安文艺界思想作风的一次全面整顿,这不仅是延安整风运动的重要一部分,而且"一般认为,以毛泽东的这次讲话为标志整风运动正式展开,以整风运动为标志中国共产党的意识形态开始成熟：这种判断基本符合事实"[1]。

延安整风运动是在特殊的历史背景下第一次全党范围的马克思主义理论教育和思想作风整顿，对中国共产党和中国革命产生了极为深远的重要影响。1941年，经过20年艰苦卓绝奋斗的中国共产党，已经发展壮大成为一个全国性的马克思主义政党。但"左"倾错误思想的影响并未彻底消除，主观主义、宗派主义、党八股等问题还比较广泛地存在，尤其是70多万名党员的绝大多数是1937年以后发展的出身于农民和小资产阶级的新党员，他们很容易受到一些错误思想和作风的影响。另外，自1938年10月抗日战争进入相持阶段后，日军进攻方向转向中国共产党抗日根据地，对根据地进行"扫荡"和"蚕食"，而华北解放区又连年发生自然灾害，加之国民党对边区的封锁政策，使抗日根据地面临极大困难。要坚持抗战、战胜敌人，就必须统一思想，整顿作风。为此，1941年5月，毛泽东在延安高级干部会议上作了《改造我们的学习》的报告，由此拉开延安整风运动的帷幕。1942年2月1日，毛泽东在中央党校开学典礼上作《整顿学风党风文风》（即《整顿党的作风》）的报告，之后又作了《反对党八股》的演讲。

---

[1] 李书磊：《1942：走向民间》，人民文学出版社2017年版，第114页。

明确提出要"反对主观主义以整顿学风,反对宗派主义以整顿党风,反对党八股以整顿文风"。4月,中共中央宣传部发出《关于在延安讨论中央决定及毛泽东同志整顿三风报告的决定》,自此延安整风运动正式拉开帷幕。1945年4月中国共产党六届七中全会通过《关于若干历史问题的决议》,标志着整风运动的结束。

延安整风运动达到了消除主观主义、宗派主义、党八股的目的,并且从根本上清算了建党以来的错误思想,特别是王明的"左"倾教条主义、右倾错误,确立了实事求是的思想路线,使全党在毛泽东思想的基础上实现了空前的团结和统一。从延安文艺界来说,党中央的确需要解决"目前在延安和各抗日根据地的文艺工作中已经发生的争论问题"。比如由王实味的《野百合花》、丁玲的《三八节有感》、罗烽的《还是杂文的时代》等文章引发的"是赞美还是暴露"等争论,争论中的错误倾向在《讲话》中都有明确的直接的批评。而从前两次座谈会的发言中,他也进一步意识到延安文艺界一部分人"离彻底地运用马列主义的思想,达到革命性、党性与艺术工作的完全的统一还差得很远"[①]。在5月21日中共中央政治局会议上他讲道:"延安文艺界

---

① 《毛泽东文集》第2卷,人民出版社1993年版,第427页。

中小资产阶级自由主义浓厚""必须整顿文风，必须达到文艺与群众结合"。这次会议决定"今后中央宣传部、中央组织部要根据毛泽东在延安文艺座谈会所作的结论，经常有计划地召集文艺界的党员开会，加强党对文艺界整风运动的领导"[①]。5月28日，也就是座谈会结束后的第五天，在中央学习组会上，毛泽东更为明确地指出："党中央关于知识分子的决定已经有了，但是对于文学艺术工作，我们还没有一个统一的很好的决定。现在我们准备作这样一个决定，所以我们召集了三次座谈会，有一百多同志到了，有党内的，也有党外的。这次会开得还算好，其目的就是要解决刚才讲的相结合的问题，即文学家、艺术家、文艺工作者和我们党的干部相结合，和工人农民相结合，以及和军队官兵相结合的问题"[②]。这是对文艺座谈会的目的和意义的概括总结。

因此，可以把《讲话》理解为是延安文艺界思想作风整顿的一次总动员，是中国共产党在全民族抗日的新形势下文艺方针的理论基石和根本遵循。同时我们也应看到，延安文艺界思想作风的彻底整顿和《讲话》作为当时中国共产党文艺方针的定性，为《讲话》提出的问

---

① 中共中央文献研究室编：《毛泽东年谱（1893—1949）》中卷，中央文献出版社2005年版，第381页。
②《毛泽东文集》第2卷，人民出版社1993年版，第425页。

题的最终解决，提供了实践的、制度的坚实保证。1943年10月19日，《解放日报》全文发表了《讲话》；10月22日，中央总学委就发出要求全党作为整风必读文件来学习《讲话》的通知："各地党收到这一文章后，必须当作整风必读的文件，找出适当的时间，在干部和党员中进行深刻的学习和研究。"[1] 其中对《讲话》也有明确的定性："《解放日报》十月十九日发表的毛泽东同志在一九四二年五月延安文艺座谈会上的讲话，是中国共产党在思想建设理论建设的事业上最重要的文献之一，是毛泽东同志用通俗语言所写成的马列主义中国化的教科书。"[2] 11月7日，中共中央宣传部发布《关于执行党的文艺政策的决定》，指出《讲话》"规定了党对现阶段中国文艺运动的基本方针"，要求"全党都应该研究这个文件，以便对于文艺的理论与实际问题获得一致的正确的认识，纠正过去各种错误的认识，全党的文艺工作者都应该研究和实行这个文件的指示，克服过去思想中工作中作品中存在的各种偏向，以便把党的方针贯彻到一切文艺部门中去，使文艺更好地服务于民族与人民的解

---

[1]《中央总学委关于学习毛泽东同志〈在延安文艺座谈会上的讲话〉的通知》，《解放日报》1943年10月22日。
[2]《中央总学委关于学习毛泽东同志〈在延安文艺座谈会上的讲话〉的通知》，《解放日报》1943年10月22日。

放事业，并使文艺事业本身得到更好的发展"。正是在座谈会之后，随着《讲话》精神的有力贯彻落实，延安文艺在真心实意地为工农兵群众服务中真正走上了民族化、大众化之路，《讲话》也在日益广泛的传播中成为一篇闪耀着真理光辉的马克思主义文艺理论中国化和大众化的经典文献。

第二节　马克思主义文艺理论中国化的历史飞跃

马克思主义传入中国，成为先进知识分子挽救民族危亡、改变国家命运的思想武器。但马克思主义要真正在中国革命中发挥理论指导作用，必须与中国革命的实际相结合。正如恩格斯在致威纳尔·桑巴特的信中所讲："马克思的整个世界观不是教义，而是方法。它提供的不是现成的教条，而是进一步研究的出发点和供这种研究使用的方法。"[①]这一点，最早全面介绍马克思主义的李大钊也是意识到了的。早在1919年夏天，李大钊就在《再论问题与主义》一文中，就胡适在《多研究些问题，少谈些"主义"》一文的观点回应道："我觉得'问题'与'主义'，有不能十分分离的关系。""一个社会主义者，为使他的主义在世界上发生一些影响，必须要研究怎么可以把他的理想尽量应用于环绕着他的实境。所以现代的社会，主义包含着许多把他的精神变作

---

① 《马克思恩格斯全集》第39卷，人民出版社2016年版，第406页。

实际的形式使合于现在需要的企图。"[1]李大钊在这里提出的"实境"思想可以理解为马克思主义中国化的思想萌芽。在随后《我的马克思主义观》一文中,李大钊也讲道:"平心而论马氏的学说,实在是一个时代的产物;在马氏时代,实在是一个最大的发见。我们现在固然不可拿这一个时代一种环境造成的学说,去解释一切历史,或者就那样整个拿来,应用于我们生存的社会,也却不可抹煞他那时代的价值,和那特别的发见。"[2]在这里,李大钊进一步比较明确地阐述了正确认识和运用马克思主义的态度。

但由于当时中国革命迫切的形势需要,共产党人没有条件在全面研读马克思主义理论之后再研判如何运用这些理论来指导革命,所以中国早期马克思主义者"呈现出从书斋向战场快速递进的趋势"[3],因而中国共产党从成立伊始就存在如李达所言"理论准备不足"的问题:"党成立时,李汉俊的名单上只有三十九个人,当时没有什么人读过马列主义,时间也来不及。整个说

---

[1] 中国李大钊研究会编注:《李大钊文集》第3卷,人民出版社1999年版,第1、3页。
[2] 中国李大钊研究会编注:《李大钊文集》第3卷,人民出版社1999年版,第36页。
[3] 宋修见:《北京大学马克思主义传统研究(1919—1949)》,北京大学出版社2012年版,第178页。

来，理论准备不足。"[1]毛泽东1962年在扩大的中央工作会议上的讲话中也讲道："过去，特别是开始时期，我们只是一股劲儿要革命，至于怎么革法，革些什么，哪些先革，哪些后革，哪些要到下一阶段才革，在一个相当长的时间内，都没有弄清楚，或者说没有完全弄清楚。"[2]

正是由于理论准备不足，加之对中国革命的实际认识不够充分，在遵义会议召开之前，中国共产党曾犯过三次"左"倾错误，特别是以王明为代表的第三次"左"倾教条主义错误，给中国革命带来严重损失。1935年中国工农红军到达陕北后，毛泽东开始系统思考中国革命的实践与理论问题，先后写下《中国革命战争的战略问题》《论持久战》等理论名篇，在座谈会召开前四年也就是1938年党的六届六中全会上，毛泽东在题为《论新阶段》的政治报告中第一次提出了"马克思主义中国化"的伟大命题："没有抽象的马克思主义，只有具体的马克思主义。所谓具体的马克思主义，就是通过民族形式的马克思主义，就是把马克思主义应用到中

---

[1] 中国社会科学院现代史研究室、中国革命博物馆党史研究室选编：《"一大"前后中国共产党第一次代表大会前后资料选编》（二），人民出版社1980年版，第53页。
[2]《毛泽东文集》第8卷，人民出版社1999年版，第300页。

国具体环境的具体斗争中去,而不是抽象地应用它。成为伟大中华民族之一部分而与这个民族血肉相联的共产党员,离开中国特点来谈马克思主义,只是抽象的空洞的马克思主义。因此,马克思主义的中国化,使之在其每一表现中带着中国的特性,即是说,按照中国的特点去应用它,成为全党亟待了解并亟须解决的问题。"[1]他讲道:"如果我们党有一百个至二百个系统地而不是零碎地、实际地而不是空洞地学会了马克思列宁主义的同志,就会大大地提高我们党的战斗力量。"延安文艺座谈会的召开和《讲话》的发表,就是毛泽东针对中国革命的实际任务和文艺发展的现实问题,运用马克思主义文艺理论解决当时文艺工作者的立场问题、态度问题、工作对象问题、工作问题和学习问题,从而形成中国化的马克思主义文艺理论的第一次伟大历史飞跃。

马克思主义经典作家也特别重视文艺的功能,特别是强调文艺为什么人服务的问题。1842年,马克思在《论普鲁士等级委员会》中提出:"使报刊变成人民的文化和精神教育的强大杠杆的,正是报刊可使物质斗争变成思想斗争,使血肉斗争变成精神斗争,使需求、欲

---

[1] 毛泽东:《论新阶段》,东北书店1947年版,第111页。

望和经验的斗争变成理论、理性和形式的斗争。"[1]恩格斯在1844年的《大陆上的运动》一文中写道:"德国人开始发现,近十年来,在小说的性质方面发生了一个彻底的革命,先前在这类著作中充当主人公的是国王和王子,现在却是穷人和受轻视的阶级了,而构成小说内容的,则是这些人的生活和命运、欢乐和痛苦。"[2]列宁也明确讲到,无产阶级文艺"不是为饱食终日的贵妇人服务,不是为百无聊赖、胖得发愁的'一万个上层分子'服务,而是为千千万万劳动人民,为这些国家的精华、国家的力量、国家的未来服务"[3]。

毛泽东提出"马克思主义中国化"这个命题并不是偶然的,而是有其充分的理论准备和现实针对性的。从1935年中共中央和中国工农红军到达陕北后,毛泽东便开始投入更多精力研究马克思列宁主义,总结中国革命正反两方面的经验教训。1937年七八月间,他撰写了《实践论》和《矛盾论》,并为延安抗日军事政治大学作了两场讲演。实践的观点和矛盾的对立统一思想是马克思主义理论中的核心要义,毛泽东准确地运用马克思主义基本原理来分析中国革命出现的问题,揭露批判党内

---

[1]《马克思恩格斯全集》第40卷,人民出版社2016年版,第329页。
[2]《马克思恩格斯全集》第3卷,人民出版社2016年版,第594页。
[3]《列宁全集》第12卷,人民出版社2017年版,第97页。

教条主义、主观主义和经验主义的错误。这本身就是马克思主义中国化的典范。在明确提出这一命题之后,他又陆续发表了《五四运动》(1939年5月)、《青年运动的方向》(1939年5月4日)、《共产党人发刊词》(1939年10月4日)、《中国革命和中国共产党》(1939年12月)等一系列关于中国共产党和中国革命道路的理论文献;同时对马克思主义文艺理论的中国化问题也有比较系统的研究思考。1940年1月,毛泽东在陕甘宁边区文化协会第一次代表大会上作了《新民主主义的政治与新民主主义的文化》(即《新民主主义论》)的讲演,明确提出"民族的科学的大众的文化,就是人民大众反帝反封建的文化,就是新民主主义的文化,就是中华民族的新文化"[①]。在延安文艺座谈会召开之前的2月1日和2月8日,他分别在中央党校开学典礼上和延安干部会上作了《整顿党的作风》和《反对党八股》的讲演;在座谈会期间的5月19日,他再次在延安干部会议上作了《改造我们的学习》报告。由此可见这段时间毛泽东理论思考的广度与深度,以及对当时中国革命问题研判的准确度。所以,在《讲话》中,毛泽东能够旁征博引、得心应手地运用马克思主义文艺理论分析和解决文艺工

[①]《毛泽东选集》第2卷,人民出版社1991年版,第708—709页。

作中的问题。

就其现实针对性而言，1940年3月，王明把自己写于1931年的充满"左"倾错误观点的《为中共更加布尔什维克化而斗争》一书在延安再版，并且在序言中写道："许多人要求了解这些历史事实，尤其在延安各学校学习党的建设和中共历史时，尤其需要这种材料的帮助。"这些错误观点在一些党员干部中具有一定的欺骗性和蛊惑性。所以，在《反对党八股》中毛泽东针锋相对地提出："洋八股必须废止，空洞抽象的调头必须少唱，教条主义必须休息，而代之以新鲜活泼的、为中国老百姓喜闻乐见的中国作风和中国气派。"[1]80多年后的今天我们听来，"为中国老百姓喜闻乐见的中国作风和中国气派"这份坚定的民族文化自信和深厚的人民情怀依然令人感奋，这一立场鲜明、是非分明的标准，也仍不失为马克思主义文艺理论中国化和大众化的经典论断。因为任何民族、任何时代的进步文艺，都必然深植于本民族的优秀传统，因而得以形成鲜明的民族形式与风格，从而感动、激励和凝聚最广大的同胞来应对和解决他们所面临的时代问题。纵观古今中外经典文艺作品，大都鲜明体现着其所处时代人们的本质特征和普遍

---

[1]《毛泽东选集》第3卷，人民出版社1991年版，第844页。

情感。所以,对于文艺工作者来说,只有深入现实生活,深刻体会普通人的奋斗创造与喜怒哀乐,然后带着这种深刻的理解和这份深沉的情感投入创作,才能以自己独特的艺术语言描绘和传达人民的心愿、心情、心声,创作出"老百姓喜闻乐见"的传世之作。

在1943年10月《讲话》发表后中央总学委的学习通知中,党中央就提出《讲话》"是毛泽东同志用通俗语言所写成的马列主义中国化的教科书",所以"此文件决不是单纯的文艺理论问题,而是马列主义普遍真理的具体化,是每个共产党员对待任何事物应具有的阶级立场,与解决任何问题应具有的辩证唯物主义历史唯物主义思想的典型示范"。[1]从马克思主义中国化视域历史地看,这个论断是十分准确的。《讲话》就是毛泽东运用马克思主义的立场、观点和方法,解决当时中国文艺发展所面临的实际问题的一部具有中国风格和中国气派的光辉文献。

---

[1] 中央档案馆编:《中共中央文件选集》第14册,中共中央党校出版社1992年版,第102页。

第三节 中国现代文艺民族化大众化的里程碑

近代以来的西风东渐和列强入侵使中国传统文化遭遇到深重危机。报效祖国、追求民族大义，是先进知识分子在追求民族独立富强的艰难历程中表现出的家国情怀与责任担当，也是中国现代文艺走向民族化大众化之路的根本动力。故而从近现代中国历史发展的整体视域看，中国现代文艺必然与救亡、启蒙、改良、革命等时代主题密不可分，其民族化与大众化的发展方向亦可谓是历史大势，而《讲话》作为第一次明确提出和全面阐释"文艺为人民服务"这一论断的文献，深刻影响了中国现代文艺发展的历史进程，由此可知，其重要意义不言而喻。

19世纪中叶，随着列强入侵、国运衰微，中国出现"三千年未有之大变局"。面对山河破碎、国破家亡的深重灾难和巨大耻辱，有良知的知识分子和艺术家不可能置身事外。所以，在"师夷长技以制夷"的器物层面的洋务运动和制度层面的戊戌变法、辛亥革命等学习西方的探索相继失败以后，在社会"黑暗到了极点"的时候，

《在延安文艺座谈会上的讲话》研读

先进的知识分子认识到,必须进行"物心两面的改造,灵肉一致的改造"①。只有建设"自由的""进步的""进取的""世界的""实利的"和"科学的"②的新文化来造就新青年、新国民,才有挽救民族危亡、再造中国的新希望。

1915年开始的新文化运动到1919年爆发的五四运动,使先进知识分子更加清楚地认识到,面向大众的新文艺是启蒙与救亡的时代浪潮中不可或缺的力量。1917年,蔡元培在北京神州学会发表了题为《以美育代宗教》的演说,正是怀着这样的初心,他倡导成立了中国现代第一所国立美术学府,即今天的中央美术学院前身之一的国立北京美术学校。1919年蔡元培呼吁新文化同人《文化运动不要忘了美育》;1920年,陈独秀在《新文化运动是什么》一文中明确讲道"新文化运动,是觉得旧的文化还有不足的地方,更加上新的科学、宗教、道德、文学、美术、音乐等运动"③。1922年,时任上海美专教授兼教务主任的汪亚尘在《艺术源泉的生命流露》一文中写道:"我国的艺术向来是帝王式的艺术——贵族阶级的艺术——历朝的艺术品,大半是供给帝王和贵族当娱乐的东西,与民众可以说没有什么影

---

① 《李大钊全集》第2卷,人民出版社2006年版,第356页。
② 陈独秀:《敬告青年》,《新青年》1915年第1期。
③ 陈独秀:《新文化运动是什么》,《新青年》1920年第5期。

响。现在却不是这样的时代，大家都要打破这个迷梦来从事民众的艺术运动。"[1] 这一时期，如文学作品中开始集中出现"人力车夫"这一作为饱受剥削和压迫的劳动者的典型形象；美术作品中，传统文人画中诸如"携琴访友图"这样充满雅兴的题材开始为"狮吼"与"虎啸"这类具有民族觉醒与奋起隐喻意义的作品所替代。到后来艺术家们把目光开始投向底层大众，出现了诸如许幸之的《失业者》这样表现普通人苦难生活的作品。国立北京美术学校首任校长郑锦早年以画仕女图而著称，后来为中国第一本专为农民编写的识字课本《千字文》配了大量插图，插图以淳朴可爱的劳动者的形象为主，还创作了一位老农牵着一头毛驴踽踽独行的名为《日暮途远》的作品，充满了对苦难人民的深切同情。1927年，时任北平国立艺专校长的林风眠提出"打倒贵族的少数独享的艺术！打倒非民间的离开民众的艺术"的口号，举办了中国现代文艺史上第一次规模空前的美术大会，展出作品达3000余件之多。

1928年，鲁迅与柔石等人组织了"朝花社"，介绍德国、苏联、日本等国著名版画家的作品。同时，他所

---

[1] 汪亚辰原著、王震选编：《汪亚尘论艺》，上海书画出版社2010年版，第183—184页。

倡导的"为大众而艺术"的新木刻运动也拉开了帷幕。文学革命、美术革命逐步成为"走出象牙之塔""走向十字街头"的革命文学、革命美术。1930年3月,中国左翼作家联盟在上海成立;7月,中国左翼美术家联盟成立;1931年4月,鲁迅在《中国无产阶级革命文学和前驱的血》一文中写道,"我们的劳苦大众历来只被最剧烈的压迫和榨取,连识字教育的布施也得不到,惟有默默地身受着宰割和灭亡。繁难的象形字,又使他们不能有自修的机会。智识的青年们意识到自己的前驱的使命,便首先发出战叫"[1]。这年9月,鲁迅在《北斗》杂志创刊号上发表了德国版画家珂勒惠支的作品《牺牲》,这是珂勒惠支的组画《战争》中的一幅,画面中一位母亲悲哀地闭着眼睛交出自己的孩子。1931年11月,中国左翼作家联盟执行委员会的决议《中国无产阶级革命文学的新任务》中明确强调:"文学大众化问题在目前意义的重大,尚不仅在它包含了中国无产阶级文学目前首重的一些任务,如工农兵通信员运动等等,而尤在此问题之解决实为完成一切新任务所必要的道路。在创作、批评和目前其他诸问题,乃至组织问题,今后必须执行彻底的正确的大众化,而决不容许再停留在过去所

---

[1]《鲁迅全集》第4卷,人民文学出版社2005年版,第289页。

提起的那种模糊忽视的意义中。"①

1938年4月，中国共产党创办的第一所综合性艺术学院——延安鲁迅艺术学院成立。毛泽东、周恩来、林伯渠、徐特立、成仿吾、艾思奇和周扬作为发起人在《解放日报》上刊发了《鲁迅艺术学院创立缘起》的声明。毛泽东在成立大会上发表的演说中提出好的艺术家应具备三个条件：第一是要有"远大的理想"，"不但要抗日，还要在抗战过程中为建立新的民主共和国而努力，不但要为民主共和国，还要有实现社会主义以至共产主义的理想"。第二是要有"丰富的生活经验"。艺术家要"切实地"在全中国"这个大观园中生活一番，考察一番"。第三是要有"良好的艺术技巧"。②这其中不仅可见毛泽东在文艺与生活的关系等马克思主义文艺理论上的功底，也可见在全民族抗日的时代中毛泽东对文艺工作者的期待。由此也可知，毛泽东对延安文艺界存在的问题有敏锐而准确的把握，才能提出具有如此针对性、根本性和有效性的解决问题之道。

1942年5月，有47位鲁艺师生参加了延安文艺座谈会。座谈会一周后的5月30日，毛泽东又亲赴鲁艺

---

① 《中国无产阶级革命文学的新任务》，《文学导报》1931年第8期。
② 《毛泽东文集》第2卷，人民出版社1993年版。

演讲，号召大家走出"小鲁艺"，走向"大鲁艺"："在鲁艺领到文凭还不算毕业，这只是在小鲁艺毕业了，还没有在大鲁艺毕业，人民群众还不承认你们。你们这鲁艺是个小鲁艺，你们要到大鲁艺去，到工农兵群众那里去。小鲁艺在桥儿沟，大鲁艺就是社会嘛，要使小鲁艺与大鲁艺结合起来。"鲁艺师生很快全面深入到延安及各解放区军民的大生产、减租减息、拥政爱民、拥军优属、卫生文教、民主选举以及敌后斗争之中，并创作了一大批反映解放区人民生活新气象而且具有鲜明的民族形式的经典文艺作品。

以版画家古元先生为例，他后来在《到"大鲁艺"去学习》一文中写道："经过这一段实践后，我才深切地体会到毛主席所说的，人民生活是'一切文学艺术的取之不尽、用之不竭的唯一源泉'这句话的深刻意义。我的木刻画是在农民的炕头上'展出'的，周围的老乡们就是我的观众，也是我的老师。"[1]古元是1943年4月到三边体验生活的，短短几个月的时间就使他对农村农民发生了根本性的思想情感的转变，创作出的木刻版画《减租会》等经典美术作品都具有相当高度的"政治标准"和"艺术标准"。这与座谈会之前老百姓对鲁艺的

---

[1] 古元：《到"大鲁艺"去学习》，《美术》1962年第3期。

讽刺形成鲜明的对照:"戏剧系的装疯卖傻,音乐系的哭爹喊娘,美术系的不知画啥,文学系写得一满害(解)不下。"①从艺术风格来说,座谈会之前,古元的《冬学》等木刻作品还有明显的洋版画的灰调子和延安老百姓称之为"阴阳脸""麻子脸"的痕迹;座谈会之后,他不再用阴暗的表现手法刻画人物面部,而是采用单线轮廓的刀法并吸纳中国画的线描元素去创作,因而作品更具新鲜活泼的写实形象和生动朴实的民族风格。在与农民的共同生活中,他诚恳地接受了他们坦率的意见:"为啥这人脸半边是白的那半边又是黑的?""脸上为啥画上这许多道道?""乌黑一大片的咱们看不明白。"他理解到"这一套洋里洋气的东西是不会被这里的群众完全欢迎的。毛主席早就在谈到继承和借鉴时,批评过硬搬和模仿,通过在群众中的检验,更加体会到这句话的确切"②。

在《讲话》的最后一部分,毛泽东富有远见地讲道:"从亭子间到革命根据地,不但是经历了两种地区,而且是经历了两个历史时代。到了革命根据地,就是到了中国历史几千年来空前未有的人民大众当权的时代。我们周围的人物,我们宣传的对象,完全不同了。过去

---

① 梁向阳:《延安文艺座谈会的前前后后》,《中国文化报》2012年5月17日。
② 古元:《到"大鲁艺"去学习》,《美术》1962年第3期。

的时代，已经一去不复返了。因此必须和新的群众相结合，不能有任何迟疑。"在这里，毛泽东斩钉截铁地宣告："过去的时代，已经一去不复返了。"对于正处于全民族抗战最为艰苦、解放区的革命最为艰难的岁月里的人们来说，如何能想到仅仅在7年之后，一个人民当家作主的全新的共和国就屹立在世界的东方了呢！正如在此前12年的井冈山革命斗争期间，在敌人重重包围的八角楼的灯光里，毛泽东以革命英雄主义和乐观主义的远见卓识预言中国革命高潮的到来："它是站在海岸遥望海中已经看得见桅杆尖头了的一只航船，它是立于高山之巅远看东方已见光芒四射喷薄欲出的一轮朝日，它是躁动于母腹中的快要成熟了的一个婴儿。"[①] 1942年，对于中国现代文艺而言，这个即将开启的全新时代，就是一个要创造"为中国老百姓喜闻乐见的中国作风和中国气派"的新文艺时代，一个必须以这样的新文艺来发动最广大的中国人民投身到为一个全新的国家而奋斗的时代。从这个意义来说，《讲话》当之无愧地作为中国现代文艺民族化大众化的一座巍巍丰碑，永远矗立在中华民族奋起抗战的那段弦歌不辍的历史中。

[①]《毛泽东选集》第1卷，人民出版社1991年版，第106页。

结 语

《讲话》发表至今80多年来，深刻影响和改变了中国现代文艺发展的历史进程。作为马克思主义文艺理论中国化的第一篇经典文献，人们对其学习、研究、解读、阐释乃至争议、批评之声几乎从未间断，尤其是在延安文艺座谈会召开50周年、60周年和70周年之际，人们在新的历史条件下不断重新认识座谈会和《讲话》的历史作用与时代意义，使之越发彰显出作为第一篇马克思主义中国化文论的永恒思想魅力、重要学术价值、理论奠基意义以及时代转折作用。2014年10月15日，习近平总书记在北京主持召开文艺工作座谈会并发表重要讲话，使人们进一步认识到中国共产党对文艺工作的高度重视，以及对文艺为人民服务的一脉相承和与时俱进。在实现中华民族伟大复兴的战略全局和世界百年未有之大变局交汇的新时代，我们可以从《讲话》中获得诸多有益的启示。

第一节　以新时代中国文化自信来重温《讲话》

80多年来,无论是在革命战争年代还是社会主义建设时期,无论是极"左"错误导致的十年动乱还是改革开放新时期,无论是迈进快速发展的新世纪还是走向强起来的新时代,人们对延安文艺座谈会及《讲话》的思考与研究从未停止,对《讲话》的解读与评价也随之不断推陈出新。大体上,我们可以从三个历史阶段来考察回顾人们对《讲话》的研究解读。一是1942年到1949年在新民主主义革命时期,《讲话》作为建设新民主主义文化艺术的总纲领,得到广泛的拥护、学习与实行,尤其在解放区得到全面、深入和有力的贯彻执行;二是中华人民共和国成立后到改革开放前夕,《讲话》作为毛泽东文艺思想的经典著述和中国共产党文艺方针的理论奠基之作,得到更为深入的学习和更加坚定的执行,但在"文化大革命"期间被林彪和"四人帮"反革命集团利用,一度禁锢了人们的思想观念,使社会主义文艺事业发展遭遇严重挫折;三是改革开放以后,对《讲话》的重新认识和深入研究逐步展开,其理论价值、时代意义和历史作用等得到日益客观全面的评价，虽然其中也不乏质疑之声，但这也进一步增强了人们对其作为一篇马克思主义经典文论的总体认识。

今天，在实现中华民族复兴的战略全局和世界百年未有之大变局交汇的新时代，当我们不仅坚持以历史唯物主义和辩证唯物主义的方法，还能以更坚定的中国文化自信和更宽阔的人类文明视野，既超越盲目崇拜的窠臼，又避免断章取义的泥淖时，便可获得更为全面的和更为理性的理解把握，从而为实现优秀传统文化的现代性转换和创新性发展、激活中国文化的生命力，使之服务于人民不断增长的美好生活需求，提供丰厚的思想资源和坚实的理论支撑。由此，就既要反对把《讲话》奉若神明的"一句顶一万句"的教条主义做法，也要防止对《讲话》脱离其时代条件而妄加非议以至责难的倾向。

比如在"文化大革命"中把《讲话》作为"永放光芒的红灯，照耀着文艺革命的征途"这种极左观点，自然容易使人们对《讲话》产生疏离感。因此改革开放后，人们在反思"文革"的沉痛教训时，也对《讲话》提出质疑。尤其是到20世纪80年代末，梅朵的《应该是对"讲话"作出深刻思考的时候了》等一批反思《讲话》文章的出现，引发人们对文艺与政治的关系等问题的讨论。如夏中义的《历史无可避讳》一文认为，"坚持文艺从属于政治"却"偏偏忘了文艺的本性是审美",因而提出新潮文论首先要"把文艺从政治腰带上解下来"。[1] 李泽厚也认为《讲话》不是从"审美出发",而是"从当前的军事、政治斗争要求出发"[2] 谈文艺。但我们不应忘记,延安文艺座谈会的召开,本来就是为了"完成民族解放的任务"。正如列宁所指出:"在分析任何一个社会问题时,马克思主义理论的绝对要求,就是要把问题提到一定的历史范围之内。"[3] 著名美学家刘纲纪认为:"脱离了《讲话》发表的历史背景,我们就不能如实地、客观地理解和评价《讲话》。一些对《讲话》的批评和责难,往往就是由此而来的。时过境迁,一些人忘记了当时的历史,于是就产生出各种不恰当的或错误的论断。"[4] 这是很有道理的。比如认为《讲话》讲到的文艺评论标准只有"政治标准"和"艺术标准",而忽略了文艺的真实性和创造性等问题,显然是有些苛责了。而且,也不应把"文化大革命"中只有八个充满"红光亮"的"样板戏"的原因归咎于此。进一步说,

---

[1] 夏中义:《历史无可避讳》,《文学评论》1989年第4期。
[2] 李泽厚:《中国现代思想史论》,安徽文艺出版社1994年版,第88页。
[3]《列宁全集》第25卷,人民出版社2017年版,第232页。
[4] 刘纲纪主编:《马克思主义美学研究·第6辑》,广西师范大学出版社2003年版,第10页。

《在延安文艺座谈会上的讲话》研读

文艺的真实性和创造性仍然是"艺术的真实"与"艺术的创造",自然也可以从"艺术标准"来衡量和评价。

实际上,人们的这种反思,主要还是由于"文化大革命"中错误的政治路线和文艺方针所造成的极大伤害。如梅朵文中所言:"虽然解放后,整个形势发生了根本变化,环境变了,对象变了,这一方针却依旧未变。加上又一直错误地要大家高举以阶级斗争为纲的大旗,根本不允许对这一方针提出任何怀疑。"[1]可见,主要问题是出在对《讲话》的片面理解和教条运用上,而不是《讲话》本身。这一教训也警示我们,文艺政策的制定应当充分考虑到生产力发展水平、人们的物质生活条件和时代的整体精神状况等。

对于《讲话》中提出的"文艺是从属于政治的,但又反转来给予伟大的影响于政治"的观点,也必须一分为二地辩证来分析。首先应该看是什么样的政治,不能把古今中外所有人类社会制度中的王室斗争、宫廷阴谋、政客结党、宦官专权等与制度变革、社会治理统统称为"政治"。为人民服务的政治,为人民谋幸福、为民族谋复兴的政治,和以往为了少数人的政治、为了家

---

[1] 梅朵:《应该是对"讲话"作出深刻思考的时候了》,《文艺理论研究》1989年第3期。

族利益的政治，是完全不同的。这一点，《讲话》中也有说明。正如《共产党宣言》中所言共产党人"没有任何同整个无产阶级的利益不同的利益"。党的十一届三中全会之后，党的文艺方针从"文艺为政治服务"调整为"文艺为人民服务、为社会主义服务"即"二为"方针，这也说明其内在的一致性；另外也应该看到，文艺从来没有也不可能有与即使是如此统称的"政治"决然分离而独立存在，无论就其描绘内容还是表现形式，都不可能完全摆脱特定时代的特定政治影响。因为任何时代的文艺创作者，都必然带有其时代所赋予的生活经历、情感态度、价值观念等，从杜甫的诗歌、关汉卿的戏曲、任伯年的绘画，到莎士比亚的戏剧、托尔斯泰的小说、贝多芬的音乐，古今中外一切伟大的文艺作品中无不深蕴着包括其政治社会风貌的典型的时代本质。文艺就是包括政治、经济在内的全部人类生活的典型化、艺术化的反映。正如《讲话》中所指出的："为艺术的艺术，超阶级的艺术，和政治并行或互相独立的艺术，实际上是不存在的。"当然，这是从艺术的最终结果而言，如毛泽东所称赞的代表"中华民族新文化的方向"的鲁迅先生1928年在回复一位署名"冬芬"的北京大学英文系学生的来信中所言："一切文艺，是宣传，只要你一给人看。即使个人主义的作品，一写出，就有宣传的可能，除非你不作文，不开口。那么，用于革命，作为工具的一种，自然也可以的。"[1] 但是，鲁迅也特别重视文艺的艺术标准，倡导艺术家有感而发的创作初心，如他在《革命时代的文学》一文中所言："总喜欢说文学和革命是大有关系的，例如可以用这来宣传，鼓吹，煽动，促进革命和完成革命。不过我想，这样的文章是无力的，因为好的文艺作品，向来多是不受别人命令，不顾利害，自然而然地从心中流露的东西；如果先挂起一个题目，做起文章来，那又何异于八股，在文学中并无价值，更说不到能否感动人了。"[2] 这也是对文艺与政治关系的一种辩证观点。

研读《讲话》，任何时候都要坚持马克思主义历史唯物主义和辩证唯物主义的方法。如杜键所言："如果我们今天容忍一概抹杀《讲话》在中国现代文艺建设中的历史功绩和它今天仍然具有的现实意义，我们肯定是地道的败家子；同时，如果我们今天依然不能清醒地看明白《讲话》的历史局限性，在工作中继续贯彻《讲话》中那些过时的和本来就偏颇的观点，我们的文艺政策就可能被历史所淘汰。对《讲话》做客观、深入地再认识，是

---

[1]《鲁迅全集》第4卷，人民文学出版社2005年版，第84页。
[2]《鲁迅全集》第3卷，人民文学出版社2005年版，第437页。

今天中国文艺发展绕不过去的课题。"[①]因此，我们要认识到，《讲话》反映了特定时代的历史大势中作为主流意识形态的文艺思想，并非"放诸四海而皆准，传诸百世而不悖"[②]的全人类文艺与生活的关系准则。如此，我们也就有必要从中国历史的大视野和中国文化在建构现代国家中的深层动力来认识《讲话》，认识到它在历史转折处，在通过文艺来影响、塑造进而统一民众意识形态，推动建立一个从组织结构到财政军事体系全面集中的现代国家，完成民族解放和富强的政党使命这一过程中所发挥的极为关键的作用和极其深远的影响。如李书磊在"延安文事"中所言："从1936年到1945年，是毛泽东带领中国共产党人再造主义的十年，十年间他发愤读书，殚精竭虑地思考，苦口婆心地讲演且著文，同时还以政治家的娴熟编织起党的文化系统，并以此为契机更新了党的整个组织。其中1942年是关键的一年，文学艺术又是重要的部门。"[③]从这种作用和影响来说，80多年来的研究解读依然未能穷尽《讲话》的全部内涵和重大意义。

---

① 杜键：《重读〈在延安文艺座谈会上的讲话〉》上，《美术研究》2016年第4期。
② 郭沫若献词，1962年。转引自艾克恩编：《延安文艺回忆录》编后语，中国社会科学出版社1992年版，第421页。
③ 李书磊：《1942：走向民间》，人民文学出版社2017年版，第115页。

第二节 北京文艺座谈会讲话对其继承发展

2014年10月15日,习近平总书记在北京主持召开文艺座谈会,有72位文艺工作者应邀到会。这是时隔72年后,中国共产党又一次在特定的历史条件下,在文艺发展进入一个关键时期而召开的文艺工作座谈会。习近平总书记在座谈会上发表的重要讲话(以下简称《北京讲话》)可以说与延安文艺座谈会《讲话》一脉相承而又与时俱进。

《北京讲话》共讲了五个问题,前两个问题是"实现中华民族伟大复兴需要中华文化繁荣兴盛"和"创作无愧于时代的优秀作品",这主要是讲新时代中国文艺所处的历史方位及其时代使命;第三个和第四个问题是"坚持以人民为中心的创作导向"和"中国精神是社会主义文艺的灵魂",这是讲新时代文艺如何肩负好时代使命,创作出无愧于时代的优秀作品以推动实现中华民族的伟大复兴;第五个问题"加强和改进党对文艺工作的领导",是讲新时代文艺肩负好使命的组织保障和制度保证。从中我们不难看出,《北京讲话》所强调的最核心的问题依然是文艺为人民服务和如何为人民服务,只是在中国共产党的主要任务发生根本性变化——从领导人民实现民族独立解放到领导人民实现民族伟大复兴的不同历史条件下，文艺为什么要坚持为人民服务、文艺如何为人民服务所面临的时代问题不同，需要进一步阐述其原因和原则等。

虽然从实现民族独立解放到实现民族伟大复兴的时代任务发生转变，但文艺坚持为人民服务的宗旨没有变，以无愧于时代的优秀作品推动中华文化繁荣兴盛，凝聚人民的磅礴伟力实现中华民族伟大复兴的使命与之一脉相承。但在新的时代条件下，为担当这样的时代使命，文艺工作者需要解决的思想作风问题与73年前既有相同之处，又面临新的挑战。相同之处就是仍需要明确文艺为什么人服务的问题，以及如何为人民服务，也就是要从思想上解决对人民群众的态度问题、与人民群众的情感问题等；新的挑战一方面来自市场经济大潮的冲击，一些人在追名逐利中迷失了方向，另一方面来自"思想大活跃、观念大碰撞、文化大交融"的时代中一些人中国精神的缺失和社会主义核心价值观的扭曲。因此，在《北京讲话》的第三、第四部分，习近平总书记全面阐述了为何和如何坚持以人民为中心、弘扬中国精神的问题。

在"坚持以人民为中心的创作导向"这部分，习近平总书记明确提出社会主义文艺的本质就是"人民的文艺"。他回顾了毛泽东、邓小平、江泽民、胡锦涛几代领导人对此一以贯之的观点,强调文艺"就要坚持为人民服务、为社会主义服务这个根本方向"。他十分明确地指明如何坚持以人民为中心的创作导向:"以人民为中心,就是要把满足人民精神文化需求作为文艺和文艺工作的出发点和落脚点,把人民作为文艺表现的主体,把人民作为文艺审美的鉴赏家和评判者,把为人民服务作为文艺工作者的天职。"这是因为不仅人民需要文艺,文艺也需要人民,文艺要热爱人民。这些观点与73年前的《讲话》是一脉相承的。73年前,文艺工作者要从小资产阶级的立场转变到无产阶级的立场,建立起和工农兵群众的情感;73年后,文艺工作者需要牢记"文艺不能当市场的奴隶,不要沾满了铜臭气",要真正"扎根人民、扎根生活",和亿万普通劳动大众保持真挚而持久的情感。还有一点就是,新时代的人民已经不再是"下里巴人",他们的审美素养和艺术品位与80多年前已不可同日而语。所以今天的"文艺为人民服务"内涵中,自然应该涵括以文艺满足人民提升审美素养、文化生活、精神境界等的需要,这也是新时代大力弘扬中华美育精神的意义之所在。所以《北京讲话》还特别强调"要坚守中华文化立场、传承中华文化基因,展现中华审美风范"。

《北京讲话》较之延安文艺座谈会《讲话》，对"中国精神"作了单独一节的重点阐述，其原因是在新的历史条件下，世界范围内的文化交流、交融和交锋日趋频繁，中国人更需要坚定的本土文化立场和本民族文化自信。在"中国精神是社会主义文艺的灵魂"这部分，习近平总书记深刻地指出，"现在社会上出现的种种问题病根"就是一些人"观念没有善恶，行为没有底线，什么违反党纪国法的事情都敢干，什么缺德的勾当都敢做，没有国家观念、集体观念、家庭观念，不讲对错，不问是非，不知美丑，不辨香臭，浑浑噩噩，穷奢极欲"。这样的人出现在文艺界，更容易见利忘义、利欲熏心，因为今天的艺术市场是资本逐利的重要领域，文艺工作者很容易迷失方向、背离初心。

实际上，在延安时期，文艺工作者也存在投身生活为人民而创作还是躲进小楼为个人名利而奋斗的选择。在延安座谈会上第一个发言的萧军，就明确讲到他要做"中国第一"和"世界第一"的作家。在座谈会之前的1941年8月，毛泽东在给萧军的信中已很诚恳地讲道："我劝你同时注意自己方面的某些毛病，不要绝对的看问题，要有耐心，要注意调理人我关系，要故意的强制的省察自己的弱点,方有出路,方能'安心立命'。"[1]在5月23日的座谈会上,最后一个发言的朱德总司令未点名地批评回应了萧军的观点:"不要眼睛太高,要看得起工农兵。中国第一也好,世界第一也好,都不能自己封,都要由工农兵群众批准。"[2]这是马克思主义文艺观的最鲜明体现。早在1842年,青年马克思就在《第六届莱茵省议会的辩论》中指出:"人民历来就是作家'够资格'和'不够资格'的唯一判断者。"[3]那么在市场经济大潮的冲击下,作家的"够资格"和"不够资格""中国第一"和"世界第一"的作家,应该由谁来评判?如果任由资本说了算,任由"红包厚度"说了算,那"表扬和自我表扬、吹捧和自我吹捧、造势和自我造势相结合"的流风之弊就不足为怪了。

北京文艺座谈会的召开和《北京讲话》的发表,与73年前毛泽东在延安主持召开文艺座谈会并发表《讲话》可谓是遥相呼应,充分体现出在新的历史条件下中国共产党对社会主义文艺的本质属性等问题一以贯之的深刻认识,也反映了我们党对文艺源于社会生活并服务于特定社会、特定时代的伟大事业等规律性问题的一脉

---

[1]《毛泽东论文艺》,人民文学出版社1992年版,第132页。
[2] 艾克恩编:《延安文艺回忆录》,中国社会科学出版社1992年版,第74页。
[3]《马克思恩格斯全集》第1卷,人民出版社2016年版,第90页。

相承的正确认识和准确把握。

延安文艺座谈会距今已经80多年了，北京文艺座谈会距今也已经9年了。但对广大文艺工作者来说，这两次座谈会的讲话仍然是需要精读深思的文艺理论经典，因为两次讲话中所论述的很多问题还没有根本解决，而且从某种意义上来说，是需要一代又一代文艺工作者不断努力的问题。尤其是人们所期待的新时代中国文艺如延安时期那样创造出民族化、大众化、时代化的高峰，显然还需要广大文艺工作者继续努力，也就是习近平总书记所讲到的有"高原"缺"高峰"的情况，需要我们继续深刻领会两次座谈会的讲话精神，深入人民大众之中，真正与之同甘苦、共冷暖，才能创作出无愧于这个伟大时代并且流芳百代的经典文艺作品。

第三节　《讲话》的几点启示

80多年来的中国，可谓是"天翻地覆慨而慷"。从新民主主义革命到社会主义建设，从改革开放到全面建成小康社会，中华民族从站起来、富起来走向强起来，在实现中华民族伟大复兴的战略全局和世界百年未有之大变局交汇的波澜壮阔的新时代，全面深入地研读《讲话》，可以让我们从中获得诸多有益的启示。

第一，高度重视文化艺术在推动实现中华民族伟大复兴中的不可替代的重要力量。被毛泽东称为"中国文化革命的主将"的鲁迅先生曾说过："文艺是国民精神所发的火光，同时也是引导国民精神的前途的灯火。"[1]任何时代的文化艺术都既体现了时代的特质与精神，又对时代中人的思想和精神给予着深刻的影响。《讲话》启示我们，要学习毛泽东对文艺工作的高度重视，学习毛泽东对文艺问题的深研精通，还要学习毛泽东作为革命领袖的深厚文艺素养与造诣。

早在1936年11月22日，毛泽东就在中国文艺协

---

[1]《鲁迅全集》第1卷，人民文学出版社2005年版，第254页。

会成立大会上的演讲中向文艺工作者发出倡导:"发扬苏维埃的工农大众文艺,发扬民族革命战争的抗日文艺,这是你们伟大的光荣任务。"[1]1937年10月19日,毛泽东在延安陕北公学鲁迅逝世周年纪念大会上的讲话中评价鲁迅先生说:"他近年来站在无产阶级与民族解放的立场,为真理与自由而斗争。鲁迅先生的第一个特点,是他的政治的远见。他用望远镜和显微镜观察社会,所以看得远,看得真。"[2]由此可见,他对中国现代文艺特别是对文艺的重要作用的一贯高度重视。1938年4月10日,毛泽东在鲁艺成立大会上的讲话中就讲道:"亭子间的人弄出来的东西有时不大好吃,山顶上的人弄出来的东西有时不大好看。有些亭子间的人以为'老子是天下第一,至少是天下第二';山顶上的人也有摆老粗架子的,动不动,'老子二万五千里'。"[3]可见,当时他对延安文艺界存在的问题相当清楚。1939年5月,他为鲁迅艺术学院周年纪念题词:"抗日的现实主义,革命的浪漫主义。"[4]我们从他写于1936年的《沁园春·雪》中便可以感受到那"革命的浪漫主义"情怀。

---

[1]《毛泽东论文艺》,人民文学出版社1992年版,第4页。
[2]《毛泽东论文艺》,人民文学出版社1992年版,第8页。
[3]《毛泽东论文艺》,人民文学出版社1992年版,第11页。
[4]《毛泽东论文艺》,人民文学出版社1992年版,第14页。

那是准备东渡黄河对日军作战的艰苦岁月，诗词中独步千古的豪迈气势、雄视天地的磅礴境界，无疑能给人以"抗日的现实主义"的深沉力量。由此我们就可以更深刻地理解到，毛泽东之所以在20世纪30年代末40年代初能够"以倒山的气势和抽丝的耐心从事文化改造工作"，其中很重要的一个原因就是"他那充满个性因而也富于感染力的文风成为他得心应手的武器"。①

文艺是人类特有的创造活动，文艺之所以需要扎根时代生活和人民大众之中，是因为人民大众的奋斗创造是历史发展的根本动力。而人民之所以需要文艺，一方面因为文艺是人们美好生活需求的不可或缺的精神食粮；另一方面，文艺能够使人们在潜移默化的美的陶养中接受其中的价值观塑造，这也就是传统中国文论中讲到的文艺"成教化，助人伦"和"移风易俗"等功能。尤其是在市场经济大潮和各种外来思潮的冲击下，人们的人生观、价值观和审美观等都发生了很大的变化，甚至不同地域、不同职业乃至不同年龄的人们的思想观念都具有一定的隔阂与差异。比如，人们对某一社会热点问题往往是见仁见智，甚至意见相左。但一部优秀的电影、一台精彩的节目、一首动人的歌曲，依然能够打动

---

① 李书磊：《1942：走向民间》，人民文学出版社2017年版，第114页。

天南地北不同年龄、不同职业的人们，因为其中深蕴着人们普遍认同的道理和共通的情感。所以，以优秀文化艺术凝聚人们对时代家国的情怀、共识与合力，提升人们的审美素养和人格修为，对实现中华民族伟大复兴具有不可替代的重要作用。

第二，高度重视民间文化艺术的传承发展及其在建构人民信仰层面的重要作用。毛泽东在《讲话》引言部分的第三个问题"工作对象问题，就是文艺作品给谁看的问题"中讲道："各种干部，部队的战士，工厂的工人，农村的农民，他们识了字，就要看书、看报，不识字的，也要看戏、看画、唱歌、听音乐，他们就是我们文艺作品的接受者。"《讲话》之所以具有划时代的意义，就在于使中国文艺从为少数人服务真正转向为多数人服务，划清了以表现工农兵为主体的劳动大众和以表现帝王将相、才子佳人为主体的新旧文艺的界限。这一现代转向的伟大意义在于，千百年来那些从未读过经史子集、从未摸过琴棋书画的在大地上劳作的人们，开始获得更多、更美、更雅的艺术滋养，开始在文艺作品中看到自己更熟悉的生活故事，感受到更能共情的喜怒哀乐。这正如列宁所言："我们的工人和农民理应享受比马戏更好的东西。他们有权利享受真正的伟大的艺术。"[1] 1927年，毛泽东在《湖南农民运动考察报告》中也明确指出："中国历来只是地主有文化，农民没有文化。可是地主的文化是由农民造成的，因为造成地主文化的东西，不是别的，正是从农民身上掠取的血汗"[2]。

毛泽东所言的确是历史的事实。虽然传统中国也有一条浩荡的民间文化艺术长河贯注在山河城郭间，诸如民歌、童谣、剪纸、年画、皮影、杂耍等，而且正是在"看戏、看画、唱歌、听音乐"中，人们建构起传统的"天地君亲师"和"仁义礼智信"价值信仰体系，但现代中国启蒙与救亡的时代使命，要求人民大众具有现代国家意识和民族主义情感，共同抵御外辱以建立统一的现代民族国家。这种意识和情感单单依靠祖祖辈辈心口相传的民间文学艺术显然是不够的。从这个维度来说，毛泽东《讲话》的伟大意义，就在于指引当时的文艺工作者以更具民族化、大众化的文艺形式承载了激发人民大众反帝反封建、建立新中国的革命激情，因而完成了建设现代民族国家并使之走上富强之路的历史使命。力群在回忆《延安的木刻》时讲道："毛泽东同志在《讲

---

[1]［苏联］尼·伊·克鲁奇科娃编:《列宁论文学与艺术》第2册，人民文学出版社1960年版，第916页。
[2]《毛泽东选集》第1卷，人民出版社1991年版，第39页。

话》中要求文学艺术工作者重视民歌、民间故事，重视群众的美术、群众的歌唱。要我们先作群众的学生然后作群众的先生。因为只有这样才能彻底解决文艺如何为工农兵服务的问题，只有这样，才能彻底解决文艺的普及与提高问题。"[1]今天，在新的时代条件下，我们则需要以更具有时代特色、中国特色的文艺经典来潜移默化地使人们超越狭隘的功利主义和粗鄙的实用主义，提升审美素养和人格修为，树立起实现中华民族伟大复兴的共同理想信念。为此，依然要高度重视民间文艺、群众文艺的重要作用，激活包括诸多非物质文化遗产在内的优秀中国传统文化的生命力，使之为建构新时代人民信仰发挥独特的潜移默化作用。

第三，高度重视文艺工作者和一切知识分子对人民大众的立场态度和情感温度。近2万字的《讲话》中提到"工农兵"40次，提到"小资产阶级"33次，提到"改造"13次，提到"结合"7次。可见，《讲话》的主旨就是要把"小资产阶级"文艺工作者"改造"为与"工农兵"群众相"结合"的无产阶级文艺工作者。这也充分体现出毛泽东对知识分子和文艺工作者一贯的

---

[1] 艾克恩编：《延安文艺回忆录》，中国社会科学出版社1992年版，第346页。

高度重视。1939年12月，毛泽东在为中央起草的决定《大量吸收知识分子》中就明确提出："共产党必须善于吸收知识分子，才能组织伟大的抗战力量，组织千百万农民群众，发展革命的文化运动和发展革命的统一战线。没有知识分子的参加，革命的胜利是不可能的。"[1]纵观中国近现代文艺发展的历程我们也不难发现，近代以来中国先进知识分子在追求民族独立富强的艰难历程中表现出的家国情怀与责任担当，是一切优秀艺术家"重返民间"，走向、贴近、关切人民大众的深层动力。他们在以笔墨丹青为时代号角的奋斗中形成关注现实、服务人民的光荣传统，也因而成为中华民族解放和复兴的伟大事业中一支不可或缺且不可替代的重要力量。

今天，在我们已经初步全面实现小康社会之后，仍然要坚持文艺的人民性，坚持以人民为中心的创作导向，就是因为中华民族在从站起来、富起来走向强起来的新时代，依然需要最广大的人民的共识与合力，需要知识分子和文艺工作者对亿万劳动人民和普通大众的真挚情感和人文关怀。《北京讲话》中讲道："有没有感情，对谁有感情，决定着文艺创作的命运。如果不爱人民，那就谈不上为人民创作。""热爱人民不是一句口号，

---

[1]《毛泽东选集》第2卷，人民出版社1991年版，第618页。

要有深刻的理性认识和具体的实践行动。对人民，要爱得真挚、爱得彻底、爱得持久，就要深深懂得人民是历史创造者的道理，深入群众、深入生活，诚心诚意做人民的小学生。"这8年来，我们确实看到了文艺界的新气象，但仍不同程度地存在一些新问题。如当年鲁迅在给李桦的信中所指出的那样："现在有许多人，以为应该表现国民的艰苦，国民的战斗，这自然并不错的。但如自己并不在这样的漩涡中，实在无法表现。假使以意为之，那就决不能真切、深刻，也就不成为艺术。"[①] 所以，那些走马观花、蜻蜓点水似的所谓"考察""采风"显然不足以真正感受到自己所不熟悉的、别样的生活，不足以理解与获得鲁迅所言"无穷的远方，无数的人们，都和我有关"的那种深切的人文关怀。"文艺工作者需走出'象牙塔'，跳出'小圈子'，深入人民中间，扎根时代生活，以敏锐的感知力观察时代问题，以更广阔的视野和更博大的胸怀去接触、观察和感受更多'老百姓'的生活，从而不断突破个人对时代认知和生活理解的种种局限。"[②] 对于文艺工作者而言，只有投身更广

[①] 艾克恩编：《延安文艺回忆录》，中国社会科学出版社1992年版，第344—345页。
[②] 宋修见：《人民性、审美性和情感性：新时代文艺弘扬中华美育精神的内在要求》，《中国文艺评论》2020年第8期。

阔的时代生活，扎根最基层的人民大众，才能切身感受到普通人的生活、情感和命运，才能对个人生命与时代家国的内在关联有深刻的洞见，从而准确把握时代本质特征，创造经典文艺作品，打动当代和后来无数代的人们，让他们从中更深刻地理解这个世界、更热爱脚下这片土地、更懂得在这片土地上如何更好地生活。也只有一大批这样代表着一个时代最先进文化的经典力作的涌现，才能反映出一个民族奋发向上的精神风貌，才是一个民族走向伟大复兴的历史先声。